조정 전문 Mediator의
실전 가이드
A Practical Guide for Mediator

조정 전문 Mediator의 실전 가이드
조정 전문 기술 집약 필독서!

초판 1쇄 발행 2025년 4월 30일

역자 및 저자 변종원
원저자 James E. McGuire
펴낸이 장길수
펴낸곳 지식과감성#
출판등록 제2012-000081호

교정 김지원
디자인 정윤솔
편집 정윤솔
검수 이주희, 이현
마케팅 김윤길

주소 서울시 금천구 벚꽃로298 대륭포스트타워6차 1212호
전화 070-4651-3730~4
팩스 070-4325-7006
이메일 ksbookup@naver.com
홈페이지 www.knsbookup.com

ISBN 979-11-392-2567-9(93320)
값 18,000원

- 이 책의 판권은 저자에게 있습니다.
- 이 책 내용의 전부 또는 일부를 재사용하려면 반드시 저자의 서면 동의를 받아야 합니다.
- 잘못된 책은 구입하신 곳에서 바꾸어 드립니다.

지식과감성#
홈페이지 바로가기

조정 전문 Mediator의
실전 가이드

A Practical Guide for Mediator

역자 및 저자 —————— **변종원** 경영학 박사
원저자(Original Author) —— James E. McGuire

A Must-Read of Essential Mediation Techniques!

조정 전문
기술 집약
필독서!

본 책자 저술 목적

본 책자는 미국의 조정 전문가로 약 40여 년간 조정 업무를 담당한 James E. McGuire의 저서 《Mediation: A Practical Guide for Business Lawyers and Their Clients》를 직접 번역하고 ADR 및 조정 관련 내용을 보완하면서, 원서사와 실의응답을 통해 미국에서의 조정 진행 방법 등을 추가하여 한국의 조정 전문가들을 위해 준비한 책입니다. 현재 조정을 진행하고 있는 전문가들, 조정 전문가를 준비 중인 분들, 그리고 조정 기법을 배우고자 하는 분들을 위해, 본 책은 조정 기법, 기술, 그리고 조정 절차에 관한 내용을 중점적으로 다루고 있습니다.

본 책자의 내용은 갈등 및 분쟁을 조정으로 해결할 수 있는 절차를 제시하며, 조정 전문가로서 필요한 기법과 역량을 익힐 수 있는 기회를 제공합니다. 또한, 확대되고 있는 조정 시장 수요, 증대되고 있는 조정 전문가의 수요를 고려, 전문 조정자로서 활동할 기회도 대비할 수 있을 것입니다.

인사말

 증대되고 있는 갈등과 분쟁의 해결을 위해 대체적 분쟁 해결 방법(ADR, Alternative Dispute Resolution)이 많은 비용과 시간이 소요되며 절차가 복잡하고 결과가 불확실한 소송 대신 점점 더 많이 활용되고 있습니다. ADR 방법 중에서도 분쟁 당사자의 의지가 가장 크게 반영될 수 있는 조정(Mediation)은 상대적으로 적은 비용, 짧은 해결 기간, 높은 합의 비율 등으로 급속히 확대되고 있으며, 조정 종료 후에도 분쟁 당사자 간의 관계 유지를 가능하게 하는 장점도 갖추고 있습니다.

 분쟁은 의료, 비즈니스, 환경, 금융, 노사, 저작권, 개인정보 보호 등 다양한 분야에서 발생하고 있으므로, 조정은 각 분야에서 풍부한 경험을 가진 조정 전문가(Mediator)들이 필요합니다. 사회 전반에서 경험과 지식을 쌓은 사람들이 조정 기법을 배우고 조정 전문가로서 갈등, 분쟁 해결에 참여하는 것이 효과적이고 효율적이라고 생각되어 본 책자를 발간하게 되었습니다.

 전문성과 덕망을 갖춘 사람들이 조정위원으로 참여할 수 있도록 법령에서 규정하고 있으며, 산업통상자원부, 문화체육관광부, 환경부, 특허청, 중소벤처기업부 등 정부 부처와 관련하여 운영되는 분쟁 조정기관도 수십 개에 달합니다. 결과적으로 조정의 기회가 증대되고 있어, 조정 전문가의 수요도 증가할 것으로 기대됩니다. 미국에서는 개인이 조정 전문가로 활동할 정도로 조정 시장이 크고 개방되어 있습니다. 중요한 점은, 조정 전문가가 되기 위해서는 조정 절차와 조정 기법을 익히고 체득해야 한다는 것입니다. 그러나 한국에는 조정 기술과 기법에 관한 책자나 전문 교육 기관이 부족한 실정입니다.

저는 약 20여 년간 ㈜삼성코닝에서 국제 비즈니스를 하면서 실전 협상 경험을 쌓았고, 한국무역협회, 삼성전자, LG전자, 현대모비스, 포스코, KAIST, KOTRA, 지방자치인재개발원, 전국경제인연합회 등에서 '협상'을 수백 회 강의한 경험이 있으며, 2014년 서울대학교 최고경영자 과정과 2015년 보스턴에서 원저자 등 조정 전문가로부터 조정 교육을 받았습니다. 조정의 많은 부분이 협상 기법을 활용하기 때문에 조정 기술과 기법을 좀 더 쉽게 이해할 수 있었습니다.

전문성과 역량을 갖춘 많은 조정 전문가들에 의해 분쟁과 갈등을 신속하게 해결하고, 평화롭고 화합하는 사회로 나아가는 데 공헌할 수 있기를 바라며, 조정 기술, 기법, 절차를 중심으로 준비된 본 책자가 작은 기여라도 할 수 있기를 기대합니다.

본 책자에 귀한 추천의 글로 용기를 주신 분들에게 감사드립니다. 다양한 전문성을 가진 많은 분들이 조정 전문가가 되고 성장·발전하기를 희망합니다.

2025년 4월

변종원 경영학 박사

추천사

책자 발간을 축하드립니다.

1970년에 미국으로 유학하여 California 주 변호사가 된 후 약 30여 년간 미국에서 변호사 생활을 하며 배운 것은, 미국에서는 소송에 의한 분쟁 해결 비율이 매우 낮고 대부분의 분쟁이 조정 방법으로 해결된다는 점입니다.

미국에서는 조정 진행을 위해 조정 전문가들에게 특별한 라이선스를 요구하지 않으며, 해당 분쟁에 대한 전문성과 경험, 조정 기법 및 경험이 중요합니다. 많은 조정 전문가들이 조정 전문기관이나 기업에서 활동하지만, 개별 전문가로 활동하는 사람도 많으며 조정을 통해 갈등과 분쟁을 해결하는 문화가 자리 잡았습니다.

이러한 경험을 토대로 서울대학교 최고위 과정으로 2014년 GNMP(Global Negotiation & Mediation Program, 글로벌 협상 조정 최고위 과정)를 개설하여 현재 약 200여 명이 조정을 공부했습니다.

본 책의 저자는 1기로 공부한 후 약 10여 명과 함께 미국 보스턴의 JAMS, CBI 등에서 체험 교육 등 약 2주간의 조정 전문가 고급과정을 이수하였습니다. 본 책자의 원저자 James E. McGuire는 미국 등에서 활동한 매우 저명한 조정 전문가입니다.

조정은 겸손, 용서, 관용, 배려, 자비, 나눔, 그리고 합의 도출 정신에 기반하여 지혜로운 생존과 번영을 지향합니다.

본 책의 출간을 축하드리며, 이 책이 한국 사회에 조정 기법을 전파하고 정착시켜 분쟁을 현명하게 조정할 수 있는 경험과 식견을 갖춘 많은 조정 전문가들이 양성되기를 기대합니다. 이를 통해 사회, 기업, 가정, 개인의 갈등 및 분쟁 해결이 활성화되어 안정성이 증대되고, 긍정적이며 신뢰와 협력의 문화가 정착되기를 바랍니다.

사)한국조정협회 설립자
사)아이팩 조정중재센터 회장   김철호

목차

인사말 _ 6
추천사 _ 8

Ⅰ.
조정 개요, 조정 및 조정자의 역할

1. 대체적 분쟁 해결(ADR)과 조정 _ 14
2. 조정의 역할 및 차별성, 장점 _ 18
3. 조정자의 역할 및 필요 전문성 _ 23
4. 조정 및 조정자의 유의 사항 _ 28
5. 분쟁 당사자 입장에서 조정 선택 및 진행 검토 _ 31
6. 분쟁 당사자 입장에서 고려 필요한 분쟁 발생 원인 _ 32
7. 조정 절차 진행 시 도움이 되는 팁 _ 33
8. 조정에 도움이 되는 협상 기술 _ 35

Ⅱ.
갈등 및 분쟁 해결 개요
(Overview of conflict and dispute resolution)
_ 46

III.
조정 진행 과정 개요
(The Mediation Process: an overview)

1. 조정 절차 시작하기(Starting the Mediation Process) _ 51
2. 소개 및 기본 규칙
   (Introductions and ground-rules) _ 52
3. 공동 회의(Opening statements
   /Opening joint presentations) _ 53
4. 개별 당사자 회의(Private party sessions) _ 54
5. 해결책 준비 및 제안(Developing Options) _ 55
6. 제안 전달(Conveying Offers) _ 57
7. 교착 상대 대응하기(Dealing with Impasse) _ 57
8. 합의 도달(Reaching an Agreement) _ 58

IV.
조정 시작 및 조정 준비
(Starting the Mediation)

1. 사전 조정 합의(Prior Agreement to Mediate) _ 61
2. 현재 분쟁에 대한 조정 합의
   (Agreement to Mediate Current Dispute) _ 62

3. 조정 명령(Order to Mediate) _ 63
4. 조정자 선택하기(Selecting the mediator) _ 64
5. 조정 계약 및 준거 규칙(Governing rules) _ 66
6. 조정 전 회의(Pre-mediation Conference) _ 68
7. 조정 준비(Mediation Preparation) _ 73

V.
조정 절차 및 분쟁 해결하기
(The Mediation Process)

1. 당사자들 소개 및 기본 규칙
   (Introductions and Ground rules) _ 74
2. 초기 합동 회의(Initial Joint Presentations) _ 82
3. 개별 당사자 회의(Private party sessions) _ 84
4. 해결책 준비 및 제안(Developing Options) _ 88
5. 제안 전달(Conveying offers) _ 90
6. 교착 상태 대응하기(Dealing with Impasse) _ 94
7. 종결 절차: 합의서 초안 작성(Reaching Closure:
   Drafting the Settlement Agreement) _ 116
8. 결론(Conclusion) _ 121

VI.
한국과 미국에서의 조정 진행

1. 한국에서의 조정 진행 _ 122
2. 미국에서의 조정 진행 — 미국에서는 많은 분쟁 해결을 위해
   왜 조정을 선택하는가? _ 128

VII.
용어 정의
_ 조정 관련 용어 설명

_ 145

원저자 및 역자 세부 경력 _ 152

I. 조정 개요, 조정 및 조정자의 역할

1. 대체적 분쟁 해결(ADR)과 조정

가. 대체적 분쟁 해결(ADR, Alternative Dispute Resolution)

분쟁 해결을 위한 방법으로 협상, 화해, 조정, 중재와 같이 당사자 간의 직접적인 교섭과 타협 또는 제3자의 개입을 통한 방식이 있습니다. 이러한 방식은 소송 절차에 비해 시간과 비용을 절감할 수 있다는 장점이 있어, 현대 사회에서 빠르게 확산되고 있습니다. ADR 영역에서는 중재(Arbitration)와 조정(Mediation)이 분쟁 해결의 주요 형태로 자리 잡고 있습니다.

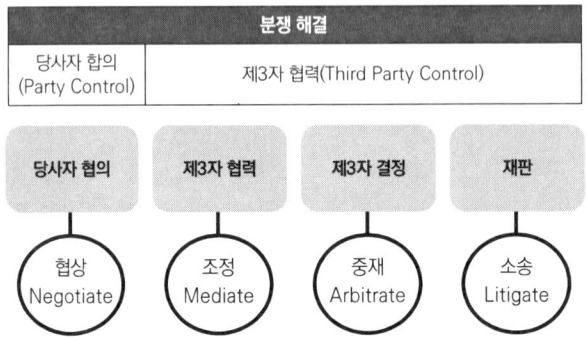

ADR 범위(Spectrum)

1) 협상(協商, Negotiation)

협상은 서로 다른 의견을 가진 둘 이상의 당사자가 목적과 목표에 부합하는 결정을 내리기 위해 합의에 도달하는 과정입니다. 이는 기업, 단체 등이 협력 파트너인 구매자, 공급자, 노조, 금융기관, 주주, 정부 공무원, 협력 부서 등과 비즈니스 등의 목적으로 진행되지만 갈등, 분쟁을 해결하는 방법이기도 합니다. 협상 과정에서는 정보 수집, 경청, 설득 기법, 설득에 대응하는 기술, 상황에 따른 대응 능력, 대화 기법 등 다양한 협상 기법이 활용됩니다.

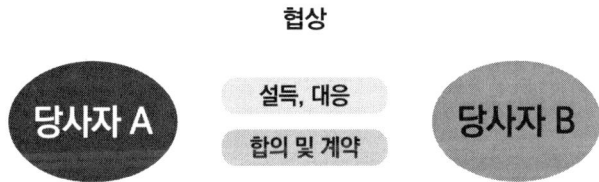

2) 화해(和解, Reconciliation)

화해는 당사자 간의 상호 양보를 통해 분쟁을 해결하는 과정으로, 이를 약정함으로써 효력이 발생합니다. 상호 협의는 협상 방법으로 진행될 수 있습니다. 화해에는 재판 외 화해(당사자 간 민법상 화해 또는 민사상 합의)와 재판상 화해(분쟁 당사자가 판사 앞에서 분쟁 해결을 약정하는 방식)가 있습니다.

3) 조정(調停, Mediation)

　조정은 중립적인 제3자가 협력하여 둘 이상의 분쟁 당사자 간의 의사소통과 협상을 촉진하고, 분쟁 또는 상호 차이점을 자발적인 의사 결정으로 해결하는 방법입니다. 협상은 당사자와 조정자 간, 당사자들 간의 조정 진행 협의 과정에서 필요합니다.

　조정자는 당사자들이 합의에 도달할 수 있도록 다양한 기술과 기법을 사용하여 지원하지만, 결정을 내릴 권한은 없습니다. 조정자는 당사자들이 문제를 정의하고 명확히 하며, 서로 다른 관점을 이해하고, 이해관계를 파악하고, 가능한 해결책을 탐색 및 평가할 수 있는 기회를 제공합니다. 이를 통해 상호 만족할 만한 합의에 도달할 수 있도록 돕습니다.

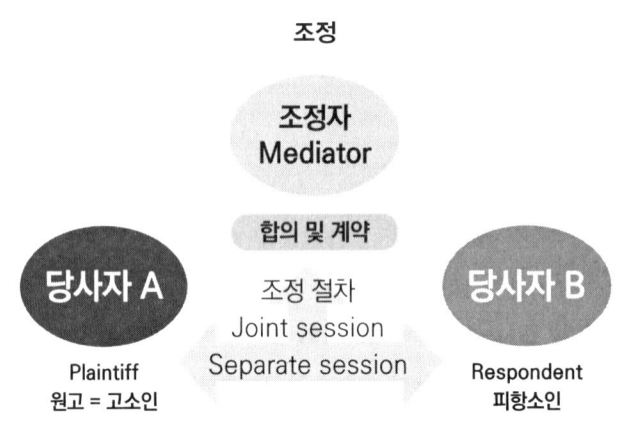

필요시 각 당사자는 변호사와 협력 가능

4) 중재(仲裁, Arbitration)

중재는 분쟁 해결의 일부 또는 전부를 법원의 판결에 의존하는 것이 아니라, 중재인으로 선정된 제3자의 판정을 통해 분쟁을 해결하는 방법입니다. 중재는 상대적으로 비공식적이며, 최종 결정을 내릴 수 있는 기간이 짧다는 점에서 법원 절차와 구별되지만, 여전히 판결의 한 형태로 간주됩니다. 즉, 중재인은 결정을 내리고 이를 부과함으로써 분쟁을 해결할 권한을 가집니다.

나. ADR 방식 비교

1) 분쟁 해결을 위한 비용과 시간의 비교

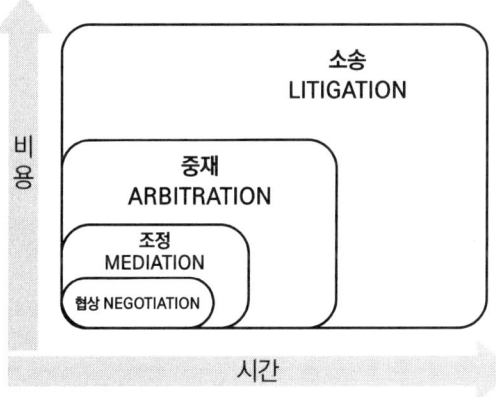

2) 조정, 중재, 소송의 비교

	조정 (MEDIATION)	중재 (ARBITRATION)	소송 (LITIGATION)
진행자	조정자 (Mediator)	중재자 (Arbitrator)	법조인
적용 (Dispute)	비즈니스, 개인 분쟁	비즈니스, 개인 분쟁	범죄, 비즈니스, 개인 등 분쟁
판정 결과 거부권	양측 당사자 합의 거부 권리 있음	없음 법적 집행	없음 법적 집행
방법	당사자 협의 상호 합의	당사자 협의 중재인 결정	재판 결정
시간	1일~수일	수일 이상	수개월 이상
결과 일반적 상호 입장	Win-Win	Win-Lose	Win-Lose

2. 조정의 역할 및 차별성, 장점

가. 조정(Mediation)의 역할

조정은 갈등을 불러일으킬 수 있는 잘못된 프레이밍을 바로잡고, 분쟁이나 문제 해결을 통해 가치를 창출하는 역할을 합니다. 아울러 분쟁 당사자가 필요로 하는 해결책이나 진정한 요구를 표현할 때, 감정적 대립이 심화되거나 오해가 증폭될 수 있는 상황에서, 공정하고 합당한 제3자인 조정자가 개입하여 당사자들이 조정자를 매개로 서로의 정보 제공 등을 유도함으로 분쟁을 해결할 수 있습니다.

조정자는 각 당사자들이 공개하지 않았던 정보를 공개하도록 설득하며, 이를 통해 숨겨진 이해관계, 욕구, 우선순위, 진정으로 원하는 것 등을 드러내게 됩니다. 그 결과, 정보의 비대칭성이 감소하고, 전체적인 가치를 확대할 수 있는 효과를 가져올 수 있습니다. 또한 조정자가 중립적인 자세를 유지하고, 일방의 약점이나 비밀을 상대에게 절대 발설하지 않겠다는 확신을 준다면, 당사자는 상대에게 직접 말할 수 없는 사항을 마음 편히 털어놓을 수 있습니다. 조정 과정에서 당사자들의 마음이 열리면, 조정자는 갈등 속에 숨겨진 본질적인 문제를 테이블 위에 올려놓고, 이를 해결할 수 있는 분위기를 조성할 수 있습니다.

비록 본질과 관련 없는 지난 잘못에 대해 비난하는 분위기 속에서도, 실제로 공정한 해결책을 제시하고 이를 선택했을 때 얻을 수 있는 이익에 대해 양측에게 생각할 기회를 제공할 수 있습니다.

나. 조정의 차별성 및 장점

조정으로 분쟁을 해결하는 것을 소송 등과 비교할 때, 아래와 같은 장점이 있습니다.

1) 전문성

법령에 조정위원은 법적 지식 등 전문성과 덕망을 갖춘 인물로 위촉되며, 관할 지역의 법조계, 교육계, 의료계, 종교계, 문화계, 언론계 등 각계의 추천을 받아야 합니다. 그러므로 조정 전문가는 법률 전문가를 포함하여, 변리사, 무역 전문가, 기업 경영 경험자, 의료인, 갈등 및 분쟁 해결 경험자, 교수 등이 될 수 있을 것입니다. 이들은 본인들이 각각 해당 분야에 경험과 전문성을 가진 분들로 분쟁의 사실관계를 확인하는 등 검토를 통해 당사자들이 합리적인 판단을 내릴 수 있도록 지원합니다.

2) 경제성

소송에 비해 절차도 간단하고 적은 비용이 요구되므로, 분쟁 해결 과정에서 많은 비용을 절감할 수 있습니다.

3) 신속성

특별한 문제가 없는 경우, 하루 또는 며칠 내에 조정 절차가 마무리되는 경우가 많아, 분쟁 해결 기간이 소송 진행 기간보다 대폭 단축됩니다.

4) 편리성

분쟁 당사자들은 서면이나 구술로 조정 신청을 할 수 있으며 우선 조정 절차를 통해 분쟁을 해결하고, 조정으로 해결되지 않는 경우 소송

등을 진행할 수 있습니다. 또한 산업통상자원부, 보건복지부 등 정부부처와 관련된 분쟁 조정기관의 협력을 받을 수 있습니다. 예를 들어, 유통분쟁조정위원회, 시장분쟁조정위원회, 한국의료분쟁조정중재원 등 다양한 분쟁 조정기관이 있어 분쟁에 해당되는 분야의 위원회 등을 이용하기 편리합니다.

5) 기타

- 당사자 간 상호 힘의 균형이 다를 경우나 일부 증빙이 부족한 경우에도, 분쟁을 해결할 수 있는 가능성이 있습니다.
- 계속해서 비즈니스를 진행하거나 좋은 관계를 지속해야 하는 상대방과 조정을 통해 분쟁을 해결하면, 상호 Win-Win이 될 가능성이 높으므로 관계를 지속적으로 유지할 수 있습니다. 반면, 재판의 결과는 종종 Win-Lose가 되어, 지속적인 관계 유지가 어려울 수 있습니다. 따라서 Win-Lose의 결과를 원하지 않는 경우, 조정은 최적의 방법입니다.
- 분쟁은 당사자들 간의 직접적인 대화나 조정자를 통한 대화를 통해 해결할 수 있습니다. 그러나 재판은 판사와 검사, 변호사 등이 진행하므로 대화를 통한 해결 기회가 줄어듭니다.
- 분쟁 해결 진행 중 한쪽만 변호사를 선임한 경우, 재판에서는 변호사를 선임하지 않은 기업이 불리할 수 있지만 조정에서는 상대적으로 불리한 상황이 되지 않을 수 있습니다.

- 법원 재판처럼 격식이나 분위기가 엄격하지 않고, 상호 협의체로 진행되므로 더 유연한 분위기에서 분쟁을 해결할 수 있습니다.
- 힘의 불균형이 뚜렷한 양측이 중립적인 제3자의 조정 없이 협상할 때는 권리를 확보하기 어렵지만, 조정자를 이용하면 조정자의 협력으로 동등한 관계에서 분쟁을 해결할 수 있습니다.
- 소송으로 인해 발생할 수 있는 적대감을 감소시킬 수 있습니다. 조정의 목적은 유무죄를 판단하는 것도, 누가 옳고 그른지를 판단하는 것도 아니며, 상호 간의 분쟁을 조정 절차를 통해 합의로 해결하는 것입니다.
- 조정자의 주요 역할은 당사자들이 보다 효과적으로 의사소통할 수 있도록 돕는 것입니다. 조정자는 절차를 통제할 수 있지만, 당사자들은 항상 결과를 통제하려고 노력합니다. 조정은 협상에 의해 촉진되기 때문에, 법의 원칙과 법적 판례가 결과를 결정하지 않을 수도 있습니다. 모든 합법적인 합의는 조정의 최종 산물이 될 수 있습니다.
- 당사자는 조정자의 프로세스 설계를 포함한 조정의 모든 단계에서 의견을 제안할 수 있으며, 절차에 참여하거나 철회하는 등의 선택권을 가질 수 있습니다. 이로 인해 조정 결과는 당사자의 의견이 상대적으로 많이 반영된 내용이 될 가능성이 높습니다.

3. 조정자의 역할 및 필요 전문성

1) 촉진자(Facilitator) 역할

조정자는 토론을 원활하게 진행시키는 역할을 하며, 당사자들이 분쟁이나 갈등으로 인한 입장을 고수하기보다는 생각을 변화시키도록 유도합니다. 이를 위해, 직간접적으로 합의 가능한 부분을 표현하고 대안을 반복적으로 제시함으로써 조정 진행을 촉진합니다.

2) 대화의 물꼬 트기

당사자들이 어떤 이유로든 서로 대화하지 않는 경우 조정자가 개입하여 대화의 물꼬를 트고 대화가 재개되도록 노력합니다.

3) 정보의 해석자 및 전달자

때로 당사자들이 대화 중에 특정 사실을 알지 못하거나 확보된 사실의 의미에 대해 서로 다른 인식을 가지고 있어 서로의 입장을 이해하지 못하는 경우가 발생할 수 있습니다. 조정자는 이때 정보의 해석자이자 전달자의 역할을 하며, 양 당사자가 가지고 있는 사실에 대한 이해를 돕고, 올바른 정보를 공유할 수 있도록 합니다.

4) 관심에 따른 입장 구별

조정자는 당사자들의 입장이 상처, 분노, 그리고 처벌에 대한 욕구일 수 있으며, 양보가 현실적인 희망일 수도 있다는 점을 인식합니다.

조정자는 각 당사자의 원래 요구와 분쟁 해결에 있어 진정으로 필요로 하는 부분을 구별하도록 돕습니다.

5) 해결 대체안 제시

조정자는 회의가 진행됨에 따라 더 많이 관여하게 되며, 어느 시점에서는 당사자들에게 해결 대체안을 제시해야 할 수도 있습니다. 이는 조정의 중요한 측면 중 하나이며, 조정자가 해결책을 결정하는 것은 아니지만, 해결을 돕기 위한 제안은 가능합니다.

6) 조정 결과의 이익 평가

조정 진행 중, 합의가 이루어질 가능성이 높아지면 갈등이 지속될 경우와 해결될 경우에 대해 비용과 이익을 평가할 수 있는 현실적인 틀을 구축합니다.

7) 중립적 접근

조정자는 판사나 중재자처럼 예복도 의사봉도 없고 합의나 결정을 강요할 권한이 없으며, 오직 좋은 감각, 신뢰와 설득력을 바탕으로 당사자들에게 조정 과정을 진행합니다. 효율적인 조정은 당사자들의 신뢰와 조정 기법에 달려 있습니다.

8) 협상 기술

조정자의 역할은 둘 이상 당사자 간의 협상을 지원하는 것이므로 조정자는 협상의 기본적인 기술을 이해하여야 합니다. 협상은 합의에 도달하기 위한 둘 이상 당사자 간의 의사소통을 효율적 효과적으로 주도하고 촉진시킵니다. 조정에서 협상은 당사자들이 생산적인 문제 해결을 이끌어 낼 수 있도록 돕습니다.

9) 신뢰와 신용 유지

조정자는 향후 다시 거래할 가능성이 있는 당사자들 간의 신뢰와 신용을 유지하게 하는 것이 특정한 실질적인 이득을 얻는 것만큼이나 중요할 수 있습니다. 분쟁 당사자가 이웃, 가족 또는 비즈니스 동료인 경우 친밀한 관계 유지가 특히 중요합니다. 그러므로 양 당사자들이 미래 관계에 집중할 수 있도록 돕습니다.

10) 중립적인 제3자

조정자는 증거 규칙에 구애받지 않고 당사자들이 문제를 논의하도록 도우며 당사자들이 처벌이나 복수보다 분쟁의 실제 원인과 향후 해결책에 집중할 수 있도록 돕는 중립적인 제3자입니다.

11) 감정 조절

양 당사자의 이해관계의 실체를 알게 하고 우선으로 처리해야 할 문제를 인식하는 데 도움을 주며 당사자들의 감정을 조절하며, 감정적인 소모를 최소화하여 생산적인 논의를 유도합니다.

12) 창의적인 대안 제시

조정자의 경험에 의한 창의적이거나 양 당사자들이 수긍할 수 있는 새로운 대안을 제시할 수도 있습니다.

13) 기타

- 일방 당사자의 평가 절하를 극복할 수 있도록 지원합니다.
- 분쟁 조정의 긍정적인 가능성을 제시합니다.
- 분쟁 조정을 위한 다양한 방법들에 대해 장단점을 객관적으로 제시하며, 양 당사자 간에 제안된 조정 결론을 선택하는 데 도움을 줍니다.
- 조정 시간을 효과적으로 관리하고, 분쟁을 시간 대비 효율적으로 해결할 수 있도록 돕습니다.
- 조정자는 양 당사자 간의 양방향 대화를 적극적으로 유도하고, 효율적인 대화가 이루어지도록 지원하여 양 당사자가 서로의 입장을 충분히 이해할 수 있도록 해야 합니다.
- 상대적으로 정보와 경험이 부족하며 동원할 자원이 제한적인 약자 측에서, 조정 협상이 지속될 수 있도록 지원하고, 양측의 힘의 불균형과 관계없이 일방이 거부권을 행사할 수 있음을 명확히 알려 줍니다.
- 당사자가 보유한 증거 및 관련 자료를 수집하고 검토하여, 실제적인 분쟁의 원인과 문제를 분석하고, 우호적인 해결 방안을 모색합니다.
- 당사자 외에 다른 증인의 필요성을 검토하고, 당사자들과 협의하여

필요시 증인의 참여를 요청합니다.
- 조정자는 협상 당사자이자 조정자로서, 전체적인 조정 진행을 고려하여 양 당사자가 원하는 바를 가장 효과적이고 현명하게 해결할 수 있는 방안을 찾아야 합니다.
- 당사자에게 상대와의 맞대결에서 얻을 수 있는 이익이 매우 미미하거나, 실패와 결렬만을 초래할 가능성이 있음을 알려 줍니다.
- 당사자들이 한쪽의 잘못으로 인식하지 않도록 조심스럽게 진행하며, 조정 비용을 최소화하는 방법을 모색합니다.
- 당사자들이 다른 대안이 있다고 생각할 경우 동의하지 않으므로, 다른 대안이 없음을 인식시키는 것도 분쟁 해결을 촉진할 수 있습니다.
- 당사자의 상황에 따른 문화 차이 등을 고려합니다.
- 필요시 당사자들과 협의하여 대화 내용을 녹음할 수 있습니다.
- 당사자들이 다양한 옵션을 생성할 수 있도록 지원하고, 그 옵션을 좁히며 합의에 이르는 방향으로 나아갈 수 있도록 돕습니다.
- 당사자들이 합의와 요구 사이에서 합리적인 결정을 내릴 수 있도록 지원해야 합니다.
- 조정자는 자신의 지식과 조정 역량을 유지하고 향상시키기 위해, 교육 과정과 연구 과정을 찾아 교육을 받아야 합니다.

4. 조정 및 조정자의 유의 사항

1) 공정성 유지
　조정자는 항상 공정한 방식을 유지해야 하며, 편애나 편견으로부터 자유로워야 합니다. 이것으로부터 자유롭게 조정을 수행할 수 없는 경우 조정을 거부해야 합니다.

2) 조정 진행의 검토
　조정자는 수시로 진행 과정과 진행 진도를 검토하여 계획대로 조정이 진행되고 있는지 검토하고, 내가 무엇을 하였고 무슨 말을 하였는가를 점검하여야 합니다.

3) 조정 중에 필요한 것과 지양할 것
　조정에서 필요한 것은 명확화, 친절, 다정함, 창조적 아이디어 발굴 등이며 지양할 것은 언쟁, 소리 지르기, 조정의 갑작스러운 중단, 융통성 부족, 경직된 조정 절차 운영 등입니다.

4) 전문성
　조정자는 해당 분쟁에 대한 전문성과 경험을 갖추고 있어야 하며, 분쟁의 유형 또는 성격 등에 따른 전문성, 예로 의료분쟁의 경우 의료 관련 전문성이 필요하며, 분쟁 해결을 위한 조정 절차 및 기법과 관련 법 규정에 대한 전문성이 절대적으로 필요합니다.

5) 중립성 및 좋은 분위기 유지

조정자는 반드시 중립을 지켜야 하며, 당사자들이 서로 신뢰할 수 있는 방식, 화평을 만드는 자(Peacemaker) 역할을 하며 조정을 진행하여야 합니다.

조정자는 다음과 같은 이유로 편파적이거나 편견을 가지는 행동을 해서는 아니 됩니다.
- 참가자의 개인적 특성, 배경, 가치관 및 신념, 조정에서의 성과 또는 기타 이유를 근거로 편파적으로 행동해서는 안 됩니다.
- 조정자는 선물, 호의, 대출 또는 기타 사항으로 조정자의 공정성에 의문을 제기하는 당사자에게 이를 명확히 설명해야 합니다.
- 조정자가 공정한 방식으로 조정을 진행할 수 없다고 판단한 경우, 즉시 조정에서 물러나야 합니다.

6) 기타
- 당사자들에게 손해를 초래할 수 있는 원인을 제공해서는 아니 됩니다.
- 조정 진행에 대한 자신감이 부족하거나 의심이 든다면, 처음부터 조정을 맡지 않아야 합니다.
- 분쟁 당사자들은 서로 다른 생각과 의견을 가지는 것이 자연스러운 일임을 인식해야 합니다.
- 조정자는 말투와 말의 고저 등 대화 방식에 유의하며 긍정적인

대화가 이루어질 수 있도록 유도해야 합니다.
- 조정자는 조정을 진행하면서 당사자들과 상충 관계를 형성해서는 아니 됩니다. 만약 조정자에게 실제 또는 잠재적 이해 상충 관계에 있어 공정성에 의문을 제기할 여지가 있다면, 상충 관계를 공개하고 당사자들의 동의를 받은 후에야 조정을 진행할 수 있습니다.
- 조정자는 조정 후에도 당사자들이 자신의 공정성에 대해 이의를 제기할 수 있는 사안이 없도록 해야 합니다.
- 조정자는 당사자들의 합리적인 기대를 충족시킬 수 있는 능력과 역량 및 자격을 갖추고 본인의 관련 경험 등을 바탕으로 조정을 수행해야 합니다.
- 조정자는 조정 기법, 문화적 이해 및 기타 필요한 자질 측면에서 당사자들에게 효과적으로 조정할 수 있는 능력을 증명해야 합니다. 조정 중에 당사자들이나 조정자 자신이 합당하게 조정을 진행할 수 있는 역량이 부족하다고 판단되면, 즉시 조정 중단을 요청해야 합니다.
- 조정자는 분쟁에 대한 자신의 감정을 드러내거나, 개인적인 권고를 하지 않아야 합니다.
- 사람 관계가 분쟁 해결보다 더 중요한 요소임을 항상 인지해야 합니다.
- 조정자는 인간 본질을 이해할 수 있는 다양한 지식 체계를 공부하고, 단기적인 성과나 결과에 집착하지 않는 자세를 가져야 합니다. 이는 탁월한 전문 조정자가 되기 위한 유일한 길이며, 지속적으로 조정

기법 향상을 위해 노력해야 합니다.

5. 분쟁 당사자 입장에서 조정 선택 및 진행 검토

- 각 당사자는 자신보다 더 객관적이고 지식이 깊으며, 풍부한 경험과 통찰력을 가진 제3자, 즉 조정자를 찾는 노력을 기울여야 합니다. 또한, 그런 현명한 조정자를 선택할 수 있는 안목을 길러야 합니다.
- 상대 당사자와의 직접적인 대결을 통해 상대를 백기 투항시키는 협상 테크닉은 존재하지 않으며, 아무리 말을 잘하고 설득력이 뛰어나더라도 실패의 가능성은 항상 존재합니다. 따라서 제3의 전문가를 활용하는 것이 바람직합니다.
- 분쟁 문제의 본질을 정확히 파악하고, 협상이든 조정이든 소송이든 당사자가 합당한 방법을 검토하여 적합한 방법을 선택해야 합니다.
- 분쟁은 부정적인 측면에 집착함으로써 어려움이 증가되므로, 당사자들 간에 합의할 수 있는 부분을 논의하고 긍정적인 측면을 강조함으로써 해결되도록 노력합니다. 조정을 선택하여도 당사자들 간에 의심이 전혀 없이 완전한 합의로 이루어지는 경우는 드물기 때문에 조정의 진행은 상호 이해와 존중이 중요한 요소입니다.
- 분쟁 당사자들이 진정으로 해결하고자 하는 의지가 있을 때까지 분쟁 해결은 어려운 일이므로, 조정을 통해 긍정적인 결과를 도출할 수 있는지는 때로 당사자들의 마음가짐과 생각에 달려

있습니다.
- 조정으로 진행하기 위한 서면 문서 내용, 조정 기간, 조정 진행 절차 및 방법, 상호 유의 사항을 구체적으로 명시하고, 조정자와 양 당사자 간의 협의 및 합의가 필요합니다.
- 조정자의 수수료는 분쟁의 유형, 복잡성, 조정 기간, 난이도 등을 고려하여 판단합니다.

6. 분쟁 당사자 입장에서 고려 필요한 분쟁 발생 원인

- 각 당사자가 중요하게 생각하는 관심사나 관점이 다르기 때문입니다.
- 동일한 사건을 서로 다른 입장에서 바라보는 차이점이 있습니다.
- 보유한 정보나 정보 해석에 차이가 있을 수 있습니다.
- 상대의 제안이 합당하다 하더라도, 굴복하는 것으로 인식되면 따르지 않으려는 경향이 있습니다.
- 감정적인 대립이 우선하여 존재할 수 있습니다.
- 상호 신뢰 부족과 불신이 문제를 발생시킬 수 있습니다.
- 공개적으로 당사자의 입장을 구체화하고 세부화하는 것을 꺼리는 경우가 있습니다.
- 상호 간의 실제적인 의견 차이를 인정하지 않으려는 경향이 있습니다.
- 솔직한 의사소통의 부재, 마음이 열리지 않은 대화는 문제나 분쟁을 일으킬 수 있습니다.

7. 조정 절차 진행 시 도움이 되는 팁

가. 조정 초기

　조정자가 우선적으로 해야 할 일은 당사자들로부터 신뢰를 확보하는 것입니다. 분쟁 당사자들이 조정자를 선택하는 것은 경험 등 주로 서면 내용에 의한 것이며, 조정이 시작되면서 신뢰 구축은 조정자의 언행과 역량에 달려 있습니다. 또한 조정 시작 시, 감정이나 불만, 화를 표현하는 당사자가 있을 수 있으나, 조정자는 이를 긍정적으로 수용하여 정상적인 조정이 진행될 수 있도록 노력해야 합니다.

　조정으로 진행하는 당사자가 조정 절차나 조정 결과의 효과 등에 대해 잘 모를 수 있으므로, 조정에 대한 제반 내용을 간략하게 준비하여 당사자들에게 설명합니다. 다음으로 분쟁의 원인과 분쟁 발생으로 인한 상호 이익과 손해를 분석합니다 또한 당사자가 처한 입장이나 분쟁 상황을 고려할 때 기대와 욕구가 과하거나 지나칠 경우 이를 분석하고 우선순위를 검토하여 합당한 합의 가능안을 검토합니다. 불만이나 분쟁을 제기한 당사자와 우선 대화를 진행하면, 분쟁의 원인을 빠르게 파악할 수 있습니다.

　당사자들로부터 분쟁에 대한 내용과 기대치 등을 서면으로 입수하여 검토하였더라도, 당사자와의 대화를 통해 이를 확인하면서 조정을 진행해야 합니다. 시점의 차이나 정보 전달 과정에서 기대치 등이 달라질 수 있기 때문입니다.

나. 조정 진행 중

 상호 의견 차이나 문제가 많을 수 있으나, 당사자들의 관계가 유지되고 조정이 지속된다면, 분쟁 해결 가능성은 높다고 볼 수 있습니다. 조정이 진행되는 중에 조정자는 당사자들의 요구를 충족시킬 수 있는 대체안을 개발해야 합니다. 예를 들어, 승진에 불만을 가진 직원이 갈등을 겪고 있을 경우, 원인 조사 결과 TOEIC 점수 미달로 판단되면 TOEIC 교육 비용을 지급하는 방식으로 해결할 수 있습니다. 또 다른 방법은 분쟁 내용보다는 원칙이나 기준에 합의한 후, 분쟁 내용을 그 합의된 원칙 또는 기준과 연결하여 해결 방법을 도출할 수 있습니다.

 당사자와 함께 참여하는 사람들, 예를 들어 변호사 등의 대리인이 참여하더라도, 질문과 대화는 당사자를 중심으로 진행해야 합니다.
 대화 기회는 각 당사자에게 동일하게 부여되어야 하며, 조정자는 일방을 옹호하는 언행을 절대 해서는 아니 됩니다.
 조정 진행 중 가장 중요한 것은 조정자의 중립성, 언행, 그리고 분쟁 해결을 위한 합리적이고 세심한 노력으로 당사자들과 신뢰를 유지하는 것입니다.
 만약 조정으로 해결이 어렵거나 진행이 부진할 경우, 당사자들의 합의가 아닌 중재인이나 판사 등 제3자가 결정하는 방식인 중재, 소송 등 다른 방법으로 분쟁을 해결할 때 발생할 수 있는 필요 비용,

소요 기간, 당사자들의 소송 등 참여에 따른 손실, 그리고 예측하기 어려운 결과 등에 대한 내용을 구체화하여 필요 시점에 제안할 수 있습니다.

각 당사자의 요구를 100% 만족시키는 조정 결과는 존재하지 않습니다. 따라서 각 당사자가 양보하고 수용할 수 있는 범위를 당사자들이 미리 준비하도록 합니다.

또 합의될 때마다 합의된 주요 내용을 요약하여 상호 서명하는 것이 좋습니다. 이 방법을 통해 진행 과정에서 합의된 내용을 모은 후, 최종 합의 내용을 서면 계약서 형태로 준비하여 최종 회의에서 서명하게 합니다.

8. 조정에 도움이 되는 협상 기술

협상의 목표는 각 당사자의 합의를 이끌어 내는 것이며, 이는 조정의 목표와 동일합니다. 협상에 따른 합의 결과는 협상력이 강한 상대가 다소 유리한 입장에 있을 수 있기 때문에 상대적으로 강한 협상력과 다양한 협상 기술은 조정에서도 유리한 입장을 위해서 필요합니다. 다음의 조정 진행에 필요한 협상 기법을 참조하면 조정에 미치는 협상의 역할을 이해할 수 있으며 본 내용에서는 협상 기법 중 조정에 도움이 되는 부분을 소개합니다.

- 상대 의견을 먼저 수용하면 주도권 싸움에서 밀리고 이로 인해 수익이 감소된다는 생각에 우선적으로 반론을 제기하는 것은 잘못된 행동으로 상대의 주장이 합리적일 경우 받아들이고 수용하도록 노력합니다. 이것은 상대 주장에 대해 동의, 또는 합의한다는 의미와는 다소 차이가 있습니다.
- 협상과 조정을 비교하면, 협상은 각 당사자가 제안된 내용이나 주제에 대해 협의하면서 좀 더 많은 수익이나 유리한 조건을 가지는 것을 목표로 하므로 상호 다른 입장에 있는 반면, 조정은 이미 분쟁 상황이 발생되었고 분쟁을 해결하는 과정에서 각 당사자는 자신에게 유리한 해결책을 선호하므로 서로 대립하는 상황입니다.

그러나 공통점은 합의를 목표로 한다는 점으로, 합의가 되어야 각자의 목표가 실현될 기회가 주어지기 때문입니다. 따라서 협상과 조정은 동일하게 대립한 상황 속에서, 각 당사자가 유리한 조건 또는 더 많은 수익을 얻으려는 목적을 가지고 협의가 진행된다고 할 수 있습니다. 이것을 위해 협상 기술을 필요로 합니다.

- 상대방과 합의를 이루기 위해서는 정보 교환, 탐색, 설득 및 상대의 설득에 대한 대응, 양보 단계 등을 거치는 것이 일반적입니다.
- 경청의 장점은 상대의 마음 상태를 느끼고 추정할 수 있다는 것입니다. 예를 들어 감정 여부나 상대의 요구, 의도, 관심사를 파악하는 데 도움이 됩니다. 또한, 상대가 주장하는 내용의 진의를 파악하는 데도 용이합니다. 경청을 잘하기 위해서는 귀를 쫑긋 세우고 집중하는 태도가 필요하며, 이런 태도는 상대방에게도 영향을 미쳐, 상호 이해도를 높이고 협상 또는 조정의 효율을 증대시킬 수 있습니다.
- 경청하는 방법은 상대의 이야기를 듣는 도중에 결말을 짐작하지 말고, 끝까지 들어야 합니다. 사소한 표현에 대해 지적하거나 꼬투리를 잡지 말고, 전체적인 이야기 흐름을 파악하는 것이 중요합니다. 특히 상대가 했던 과거의 말을 떠올리며 비교하거나 말꼬리를 잡지 않도록 주의하고 우선 지금 하는 말을 경청합니다.
- 경청을 통해 협상 상황에 대한 정보가 늘어나며, 상대방이 관심을 갖고 있는 것과 관심 없는 것, 즉 협상에 영향을 미칠 관심사나 정보를 파악할 수 있습니다. 또한, 상대가 동의하지 못하는 부분에

대해서도 경청을 통해 그들의 입장을 존중하는 방법으로, 상대 입장을 세워 주는 등 경청만큼 효율적인 협상 환경을 조성하는 협상 기술은 없습니다.
- 듣는 속도와 이해력은 말하는 것보다 빠르기 때문에, 경청을 하지 않고 말을 먼저 하려는 경향을 억제해야 합니다.
- 경청을 잘하면 상대가 더 많은 말을 하게 되고, 이는 더 많은 정보를 얻을 수 있는 기회로 이어집니다. 경청을 하면서 상대 의도를 정확하게 파악하고 조리 있게 반박하면, 그 대응은 설득력이 있습니다.
- 비언어(Nonverbal)는 언어 이면에 숨겨진 진실을 드러내는 중요한 단서로 상대측의 허점이나 거짓을 비언어적인 표현에서 발굴하려는 노력이 필요합니다. 예로써 상대가 자꾸 자세를 바꾸거나 손을 비틀거나, 눈을 자주 깜박이는 경우 등의 비언어적 표현은 진심을 숨기거나 거짓말을 하고 있을 가능성이 있는 것으로 추정할 수 있습니다. 게다가 비언어적인 표현은 일반적으로 몸의 아랫부분, 목소리와 몸의 윗부분, 얼굴 순으로 본심의 노출이 쉽게 된다고 합니다. 얼굴에 감정 등이 표시되지 않는다는 의미는 얼굴 표정은 의도적으로 본심을 숨길 수 있다는 뜻이지만 몸의 아랫부분은 상대적으로 통제하기 어려우므로 집중하여 관찰하면 상대측이 말하는 것이 사실인지 거짓인지를 추정할 수 있습니다. 그러므로 상대방의 진실 여부는 말이나 얼굴 표정에서는 알기 어려우며 상대방의 아랫부분의 움직임을 포함한 전체 및 부분의 움직임을

잘 관찰하여 표현되는 비언어적인 표현에서 상대의 진실 여부를 알아내야 합니다. 반대로 상대방도 우리 측을 관찰하고 있으므로 개인이나 우리 측끼리 대화 시 의도적인 거짓이나 전략 등이 비언어적인 표현으로 표시되지 않게 하는 것도 중요합니다. 협상이나 조정이 진행될수록 상대방의 말과 비언어적 표현에서 그들의 진실 여부를 파악하기가 쉬워집니다.

- 상대방을 설득하는 기법 중 하나로 선택 심리를 활용하는 방법이 있습니다. 두 가지 유사한 조건을 제시한 후 선택하게 하면, 상대방은 세 번째 선택지가 있다는 생각 없이 둘 중 하나를 선택하는 경향이 있습니다. 또한, 여러 조건을 제시할 때 가장 유도하고 싶은 조건을 중간에 두면, 상대방은 그 조건을 선택하는 경향이 있습니다.
- 대부분 금액을 중요하게 고려하지만 규격, 품질, 대금 지급 조건, 납지, 납기 등도 같이 협의하여야 합니다. 즉 연관되는 항목은 동시에 같이 협의하고 합의되어야 합니다.
- 장황하게 말을 늘어놓는다고 해서 상대가 설득되는 것은 아닙니다. 설득 가능한 몇 마디의 대화가 더 효과적입니다. 따라서 논리적인 대화와 경험에 기반한 설득이 중요합니다.
- 협상이나 분쟁은 의견 차이나 대립에서 시작되며, 의견 차이를 이해하고 이를 줄이기 위해 꾸준히 노력하면 상황은 변화할 수 있습니다.
- 상대방을 설득할 때, 자신이 잘 주장한다고 해서 상대가 반드시 설득되는 것으로 착각하면 안 됩니다. 설득은 내가 하지만 동의

여부는 상대가 결정하기 때문입니다.
- 치밀한 논리 전개는 상대방이 반론을 제기하기 어렵게 만들고, 설득에도 유리한 효과를 가져옵니다. 설득의 기본은 합리적이고 타당한 근거가 필요합니다.
- 상대방이 우리 측을 설득하려고 하는 경우 설득당하지 않는 방법을 찾아야 합니다. 상대방과의 의견 차를 줄이기 위해 논리 개발도 필요하지만 상대측이 설득하는 주장에 대해 합당한 논리로 대비하고 대응하는 능력도 필요합니다. 설득하고 있는 상대에게 상황 설명도 없이 아니요 또는 동의할 수 없습니다 등의 단정적인 표현은 좋지 않습니다.
- 상대방이 주장하는 것이 어떠한 결과를 가질 것인지 예측하고 판단하는 능력이 필요하고 상대 전략을 읽을 수 있는 노하우가 필요합니다.
- 상대방이 1:1로 대응되는 답을 바라지 않을 경우도 있습니다. 이 경우 굳이 1:1로 대답하는 것은 오히려 분위기를 냉랭하게 만들 수도 있습니다. 1:1의 답이 필요한지, 답을 안 해도 되는지, 간접적으로 답을 해야 할 필요가 있는 것인지를 신중히 생각한 후 답하여야 합니다.
- 상대 주장에 동의할 때, 너무 쉽게 동의하면 상대가 잘못 제안한 것으로 판단할 수 있고, 동의가 늦으면 계속 독촉, 압박하므로 마음을 상하게 할 수도 있습니다.
- 좋은 협상 결과를 위해서는 대체안의 준비와 노력이 중요하며,

조정에서도 대체안(BATNA)을 준비하는 것이 필수입니다. 대안이 없다면, 불리한 조건을 받아들이게 될 위험이 커지기 때문입니다.
- 시간 압박, 즉 특정 마감 시간 내 합의하여야 하는 의무감이 증가할수록 합의하려는 욕구가 증가하고 일방적인 양보가 일어나기 쉽습니다. 시간에 대한 부담감은 개인 성격 차에 따라 달라질 수 있으나 대부분이 압박을 느끼게 됩니다. 시간이 누구 편인지 판단하여야 합니다. 양보의 80%가 종료 전 20%의 시간 동안에 이루어진다고 합니다.
- 상대방을 설득하는 중에 상대의 표정을 잘 관찰하고, 동의할 의사를 보일 때 즉시 이야기를 멈추고 합의를 유도해야 합니다. 계속 말을 이어 가면 상대가 마음을 바꿀 수 있기 때문입니다. 설명할 기회는 자주 있지만 합의 기회는 결코 쉽게 오지 않습니다.
- 협상이나 조정에서 취약점이 발견되는 경우 상대의 속셈을 판단하기 용이하기 때문에 좋은 위치를 차지할 수 있습니다. 상대방의 언행에서 모순이나 속셈을 찾아내는 것은 경험이 많은 협상자들에게 유리할 수 있지만 상대의 대화 내용을 집중하여 들으면서 분석하면 초보자도 모순이나 약점 발굴이 가능합니다.
- 상대방의 감정이 격해졌음을 알아볼 수 있는 방법은 말이 평소보다 말이 빨라지거나, 자주 말을 끊거나, 언어가 거칠어지거나, 빈정거리거나, 표정이 굳어지는 등입니다.
- 협상 테이블에서 무모한 태도는 금물입니다. 또한 쓸데없는 자존심이나

성급함을 보이면 합의 진행이 어렵습니다.
- 협상과 조정의 공통점은 상호 합의에 도달해야 각 당사자가 기대하는 수익을 실현할 수 있다는 점입니다. 상호 허용 가능한 범위 내에서 양보하여 Win-Win 상황을 만들 수 있습니다. 반면, 합의가 이루어지지 않으면, 상호 목표 달성이 안 되거나 판사 등 제3자가 결정을 내리게 되어 Win-Lose 상황이 될 수 있습니다.
- 옳고 그름을 따지는 것은 중재나 소송의 영역이며, 협상과 조정은 상호 합의를 목표로 진행해야 합니다. 따라서 협력적인 태도로 진행하는 것이 중요합니다.
- 조정은 제3자인 전문가가 진행합니다. 합동 회의에서는 조정자가 참여하여 각 당사자들이 협상합니다. 개별 회의는 조정자와 당사자가 협상을 진행하는 방식으로, 협상 경험이 있는 사람이나 협상 기술이 뛰어난 사람이 유리할 수 있습니다.
- 당사자와의 대화에서 중요한 것은 경청을 통해 의도를 정확히 파악하고, 긍정적인 대화를 유지하는 것입니다. 조정자는 절대 부정적인 대화를 해서는 안 됩니다.
- 대화 중 비언어적인 표현이 매우 중요합니다. 조정자는 가급적 미소와 진지한 표정을 유지하여 당사자들이 평안하게 대화할 수 있도록 유도하며 상대방의 비언어적인 표현을 잘 관찰하여 말에 대한 진실 여부를 파악합니다.
- 조정자는 합동 회의 시 당사자들 간 대화에서 분쟁의 깊은 골을 알아내고 건설적인 대화로 이끌어야 합니다.

- 상대방과 대화할 때 항상 경어를 사용하며, 매너, 일관성, 언행일치를 고려해야 합니다. 또한, 긍정적인 대화, 표정과 일치하는 대화, 장소, 시간, 상황에 어울리는 대화를 통해 긍정적인 마음을 유지하는 것이 중요합니다.
- 상대방이 이야기할 때 공감을 표현하거나 동조하면, 상대측은 우호적으로 반응할 수 있으며 길어지는 대화에서 정보를 확보합니다.
- 상대방과 대화 시, 상대의 질문이 사소하더라도 대답하며, 상대가 화가 나 있더라도 움츠러들거나 맞대응할 필요는 없습니다. 분쟁은 상대와 나 사이 또는 당사자 간의 다른 의견에서 시작된 것이므로, 경청하면서 부드러운 태도로 대응하여 상대가 편하게 이야기할 수 있는 분위기를 조성하고, 상대가 목표하는 것이 무엇인지 진의를 파악하려고 노력해야 합니다.
- 상대방과 대화할 때 거만함, 험담, 적개심, 직접적인 거절 등 반감을 일으킬 수 있는 부정적인 대화는 지제해야 합니다. 또한, 상대가 이해하기 어려운 모호한 대화 내용이나 현안 주제에서 벗어난 이야기는 피해야 합니다.
- 대화 시 의사 표현은 명확하게 해야 합니다. 불분명한 표현, 너무 작은 목소리, 말끝을 흐리거나 부정확한 발음, 독백하듯 우물우물하는 말투 등은 상대방이 이해하기 어려우며, 의사소통의 작은 장애물이 모여 오해의 큰 벽을 만들 수 있습니다.
- 같은 내용이라도 어떻게 표현하느냐에 따라 상대방의 반응이 달라질 수 있습니다. 상대방이 반발하거나 거부감을 가지지 않도록

하는 표현이 중요하며, "겨우", "이것밖에", "그러나" 등의 부정적인 표현은 자제해야 합니다. 특히 비판적인 언행은 삼가야 합니다.
- 가능하면 천천히, 이유를 포함하여 정확하게 설명하고, 상대의 얼굴을 보면서 목소리의 높낮이, 강약, 어투에 유의하여 당사자에게 진지하게 전달해야 합니다.
- 대화 시 상대방에게 전달되는 내용은 소리의 크기나 고저, 강약 같은 음성 특징이 약 38%, 얼굴 표정이 55%, 언어가 약 7%를 차지한다고 합니다.
- 상대에게 전달되는 내용이 내가 말하려던 내용과 일치하는지 수시로 확인해야 합니다. 만약 상대가 의도적이 아니고 제대로 이해하지 못하는 경우, 대개 전달하는 사람의 잘못으로 판단할 수 있습니다.
- 상대가 이야기할 때 중간에 끊지 말고 충분히 이야기하도록 해야 합니다. 대화가 길어지면, "지금까지 말씀하신 내용을 우선 정리하면…"과 같은 방법으로 얘기하는 것이 좋습니다. 반론을 하고자 할 때는 상대의 말을 끝까지 듣고 나서, 질문 형식으로 대답하는 것이 좋습니다. 흥분하여 고함을 치거나 무례한 태도를 보이는 것보다 차분하게 상대를 배려하는 대화를 하는 것이 중요합니다.
- 동문서답식 대화가 진행되는 경우 상대방이 몰라서인지, 상황 파악을 잘못한 것인지, 이해를 잘못한 것인지 등을 파악하고 합당하게 대응할 필요가 있습니다. 정보나 입장 차이로 잘못

이해하는 경우도 발생할 수 있습니다.
- 상대에게 반감을 주는 대화는 자제해야 합니다. 불만, 거만, 험담, 변명, 잔소리, 아첨, 상대방을 아프게 하는 말, 불편하게 하는 대화, 상대를 불리하게 만드는 말, 상대에게 공허감을 주는 대화, 상대에게 의구심을 가지게 하는 대화는 피해야 합니다.
- 당사자를 고려한 대화 방법이 필요합니다. 소극적인 사람은 경청을 통해 관심을 유도하고, 부정적인 사람은 선별하여 대화를 시도하며, 소심한 성격의 사람은 자신감을 가질 수 있도록 도와주고, 듣기만 하고 말을 아끼는 사람은 관심사를 찾아 대화를 시작하는 것이 좋습니다.

※ 본 내용은 변종원 석사 논문, 박사 논문, 저서 중 일부 내용을 발췌한 것으로 필요하신 분은 본 책자 말미에 있는 논문, 책(저서)을 참조하시기 바랍니다.

II.
갈등 및 분쟁 해결 개요
Overview of conflict and dispute resolution

갈등은 언제 어디서나 발생할 수 있습니다. 보통 사람들은 일상생활에서 갈등을 스스로 해결하려고 노력합니다. 그러나 때때로 갈등이 악화되어 분쟁으로 발전하기도 합니다. 문제가 심각해지면 개인이나 회사는 분쟁을 해결하고 갈등을 해소하기 위해 제3자에게 요청하거나 변호사를 고용할 수 있습니다. 그러나 양측이 제3자의 협력으로도 분쟁을 해결할 수 없는 경우, 소송이 제기될 수 있습니다. 대개 소송이 제기되기 전이나 후에 당사자와 변호사 등이 조정을 제안할 수 있습니다.

갈등을 관리하고, 개인과 집단의 이익과 요구를 조화시키는 것은 인간의 조건이자 사회생활(Human condition and corporate life)의 일부입니다. 갈등이 적절하게 해결되지 않으면, 갈등 및 분쟁 해결 방법을 개발할 필요가 있습니다. 미국에서는 이러한 분야를 갈등 관리(Conflict Management)라고 부릅니다.

법원과 사법 제도는 갈등 관리 시스템의 가장 전형적인 방법으로 볼 수 있습니다. 또한, 대체적 분쟁 해결(ADR, Alternative Dispute

Resolution)은 분쟁 해결을 위한 두 번째 방법으로 자리 잡고 있습니다. ADR 분야에서는 중재(Arbitration)와 조정(Mediation)이 주요 분쟁 해결 방법으로 떠오르고 있습니다.

분쟁 해결을 위한 협상이 실패한 경우, 조정(Mediation)이 유용한 대안이 될 수 있습니다. 조정자의 핵심 역할은 분쟁 당사자들이 더 효과적으로 소통할 수 있도록 돕는 것입니다. 조정자는 조정 절차를 진행하지만, 결과는 당사자들이 합의하는 데 달려 있습니다. 조정은 협상을 촉진하는 역할을 하며, 법의 원칙이나 판례로 결과를 결정하지 않습니다. 법원이 특정 분쟁을 어떻게 처리할지는 때때로 중요할 수 있지만, 사법적인 해결 방법이 당사자들 간 조정을 통해 도달할 수 있는 합의의 형식과 내용에 제한을 두는 것은 아닙니다. 분쟁 당사자들 간의 상호 합법적인 합의가 조정의 최종 결과물이 될 수 있습니다. 당사자들이 스스로 해결책을 협상할 의사가 없거나 협상이 불가능한 경우, 또는 상호 분쟁 해결을 위한 협상이 시도되었지만 분쟁이 해결되지 않은 경우에는 당사자들이 분쟁 해결을 위해 조정 전문가를 선택할 수 있습니다.

미국에서는 상업적 상황과 노사 분쟁에서 조정이 가장 빈번하게 사용됩니다. 조정자는 조정 절차와 결과를 관리, 통제합니다. 거래 및 무역의 맥락에서, 소송과 마찬가지로 당사자는 확실한 결과를 얻기 위해 분쟁 해결 과정에 대한 권리를 포기합니다. 양 당사자는 일반적으로 조정자를 선임할 권한과 조정자와 협력 진행(Guide)하거나 구속(Bind)할 수 있는 절차적 규칙에 대한 결정권을 가집니다. 드문 경우를 제외하면, 조정자와 진행한 합의 결정은 구속력이 있으며, 전 세계 법원에서 집행 가능합니다.

비록 재판이 미국 법률 시스템의 핵심으로 여겨지지만, 배심원의 유무를 떠나서 완전한 재판은 연방 법원에 제출된 모든 민사 소송의 2% 미만에서만 발생합니다. 주 법원에서도 재판에 대한 전망은 크게 다르지 않습니다. 고객의 분쟁을 관리하는 실무자나 경영진은 처음부터 조정이 다른 어떤 형태의 분쟁 해결 방식보다 소송 상황에서 내부 또는 외부적으로 발생할 가능성이 훨씬 높다는 점을 명확히 인식해야 합니다.

모든 분쟁은 조정의 대상이 될 수 있습니다. 경우에 따라 사전에 당사자들은 모든 분쟁을 조정으로 해결하기로 합의할 수 있습니다. 또 계약 체결 시 해당 계약과 관련된 모든 분쟁을 조정으로 하도록 계약서에 명시할 수 있습니다. 소송이 제기된 경우, 당사자들은 고소 및 맞고소에서 주장된 모든 청구(Claim)를 조정으로 하는 데 동의할 수 있습니다. 경우에 따라 당사자들은 모든 청구, 예로 특허의 유효성 등과 관련된 발췌 청구를 조정으로 하기로 합의할 수 있습니다.

미국 비즈니스 세계에서는 분쟁 해결을 돕기 위해 조정자를 활용할 수 있습니다. 대부분의 상업적 조정자는 기본 사항을 배우고 조정자로서의 조정 기법(Skill)을 향상시키기 위해 하나 이상의 교육 과정을 이수합니다. 대부분의 상업적 조정자는 법률 교육을 받았으며 조정자로서의 조정 기술을 개발한 법조인들도 있습니다. 모든 주에서 하나 이상의 기관이 비즈니스 커뮤니티에 조정 서비스를 제공합니다.

III.
조정 진행 과정 개요
The Mediation Process:
an overview

조정 과정은 8단계로 구성된 연속적인 절차로 요약할 수 있습니다.

1. 조정 절차 시작하기(Starting the Mediation Process)
2. 소개 및 기본 규칙(Introductions and ground-rules)
3. 공동 회의(Opening statements/Opening joint presentations)
4. 개별 당사자 회의(Private party sessions)
5. 해결책 준비 및 제안(Developing Options)
6. 제안 전달(Conveying Offers)
7. 교착 상대 대응하기(Dealing with Impasse)
8. 합의 도달(Reaching an Agreement)

각 단계는 조정 절차의 기본 틀(Framework)을 준비하기 위해 일반적 조건이 협의됩니다. 이 설명은 문제 해결을 위한 조정이 촉진 또는 관심 기반의 기본 틀(Framework) 안에 있다는 것입니다. 조정 절차에 대한 이 설명은 또한 조정에 대한 기술과 경험을 가진 훈련된 조정자를 통한 자발적 조정의 기본 틀 내에서 이루어진다는 것입니다.

각 단계는 아래 내용에서 세부적으로 설명됩니다.

1. 조정 절차 시작하기(Starting the Mediation Process)

촉진적 조정 절차는 여러 방법으로 시작될 수 있습니다. 기존의 합의하에 분쟁을 조정하기로 하거나, 분쟁 발생 후 조정하기로 한 합의, 이미 법원에 제기된 사건에서 판사의 권고 또는 명령에 의해 시작될 수 있습니다.

당사자 간의 기존 계약에 포함되지 않은 경우, 일반적으로 조정에 대한 합의는 간단한 서면 합의서로 명시할 수 있습니다. 변호사가 당사자를 대리하는 경우, 변호사와 조정자는 조정 일정(일시, 장소, 소요 시간 등)에 대해 사전 전화 회의나 초기 회의를 통해 논의할 수 있습니다. 조정자는 일반적으로 당사자들과 회의 전에 서면 제출물과 기타 정보 요구 사항에 대해 논의합니다. 양 당사자와 조정자는 특정 시간, 일자, 장소에서 만나기로 합의합니다.

2. 소개 및 기본 규칙(Introductions and ground-rules)

조정자는 당사자들에게 조정자를 소개하고, 당사자들이 조정자와 서로를 소개하며, 모두에게 조정 절차를 소개하므로 회의를 시작합니다. 조정자는 일반적으로 조정 원칙에 대해 간단히 설명합니다.

- 모든 합의는 자발적으로 이루어집니다.
- 조정자는 사건(Case)을 결정하지 않습니다.
- 조정 절차는 기밀로 유지되며 조정에서 이루어진 진술은 법정 소송에서 사용되지 않습니다.

조정자는 조정 절차와 관련된 규율, 규제 또는 보호하는 현지 법령 또는 법원 규칙도 언급할 수 있습니다. 조정 절차와 관련된 기타 기본 규칙은 조정자가 제안하고 당사자들이 동의할 수 있습니다. 예를 들어 기본 규칙에는 다음과 같은 합의가 포함될 수 있습니다.
- 모든 당사자에게 발언 기회가 주어집니다.
- 참가자들은 서로를 방해하지 않습니다.
- 당사자들은 상대방의 말을 경청하고 상처를 주는 자극적인 언어를 사용하지 않습니다.

3. 공동 회의(Opening statements/Opening joint presentations)

양 당사자는 초기 진술을 할 기회를 가집니다. 변호사가 참석하는 경우 변호사가, 당사자가 참석하는 경우 당사자가, 또는 두 가지 방식이 결합된 형태로 진술할 수 있습니다. 모든 참석자는 발언 기회를 가질 수 있지만, 반드시 발언해야 하는 것은 아닙니다. 이 단계의 주요 목적은 당사자들 간에 솔직한 입장 교환을 통해 각 참가자의 이해관계 및 조정 목표에 대한 공유된 이해를 형성하는 것입니다. 일반적으로 이 과정은 각 당사자가 분쟁에 대한 자신의 견해와 분쟁의 원인 및 결과, 그리고 최소한 일반적으로 가능한 해결 범위 즉 조정 절차를 통해 달성하고자 하는 목표에 대해 표현하는 방식으로 진행됩니다. 예를 들어, "우리는 금전적인 보상과 사과(Apology)를 원합니다" 또는 "우리는 소송을 종료하는 합의를 원합니다"라고 말할 수 있습니다.

증거 규칙(Rules of evidence)은 없으며 특정 분쟁에서는 법적 원칙이 중요할 수 있고 언급할 가치가 있을 수 있지만 법이나 법적 문제에 대해 논의할 필요는 없습니다. 조정 상황에 맞춰 신중한 어조로 잘 준비되고 뒷받침된 효과적인 격식의 주장의 표현은 상대방에게 설득력 있게 영향을 미칠 수 있습니다.

조정자는 각 당사자의 발표 도중이나 발표 후에 질문을 할 수 있습니다. 이 단계에서 조정자의 질문은 더 많은 정보를 이끌어 내고 각 당사자의 입장과 이해관계를 파악하기 위해 개방적이고 일반적인 질문이어야 합니다. 또한, 조정자는 양 당사자가 상대방의 말을 경청할 수 있도록 노력해야 하며, 요약하거나 재구성하는 방식으로 정확한 이해를 위해 지원할 수 있습니다.

첫 번째 공동 회의가 끝난 후, 조정자는 합의 도달을 위한 주제를 어떻게 다룰지, 어떤 순서로 다룰지에 대한 의제를 제시할 수 있습니다. 일부 비즈니스 사례에서는 누가 누구에게 얼마를 지급할 것인지와 같은 경제적 문제 외에도 중요한 비경제적 문제들이 의제로 다루어질 수 있습니다.

4. 개별 당사자 회의(Private party sessions)

첫 번째 공동 회의가 종료되면, 일반적으로 조정자는 대규모 그룹 미팅을 휴회하고 각 당사자와 개별적으로 만나 분쟁에 대한 추가 사실과 배경을 수집하며, 각 당사자의 이해관계와 목표를 더 자세히 파악할 수 있습니다. 회의 후 휴식 시간 동안 조정자는 자신이 기록한 메모를 검토하여 상황을 명확하게 정리하고, 어떤 당사자와 먼저 만날지 결정합니다.

초기 비공개 세션 동안 조정자는 당사자가 공동 세션에서 공유하고 싶지 않은 민감한 정보 등을 포함하여 추가적인 정보를 수집합니다. 이때 조정자는 각 입장의 이면에 있는 이해관계를 파악하고, 각 당사자가 합의를 위해 필요한 사항들을 결정하는 데 도움을 줍니다.

조정자는 계속해서 개방형 질문을 던지고, 공감을 표하며, 대화 중 나온 내용을 해석하거나 명확히 하여 입장을 확인합니다. 예를 들어, "어떤 일이 일어나기를 바라는지 확실히 이해할 수 있도록 해주세요"라는 질문을 할 수 있습니다.

조정자와의 비공개 세션에서 당사자들은 자신들의 요구와 이해관계를 충족할 수 있는 다양한 옵션에 대해 논의할 수 있습니다. 또한, 조정자는 비공개 세션에서 도출된 정보의 일부 또는 전부를 상대방과 공유하도록 당사자들의 요청을 받거나 허용을 받을 수 있습니다. 특정 정보는 기밀로 유지될 수 있으며, 당사자는 어떤 정보가 기밀로 처리되어야 할지 명시적으로 조정자에게 알려야 합니다.

5. 해결책 준비 및 제안(Developing Options)

조정자는 여러 번에 걸쳐 각 당사자와 개별적으로 만나 정보를 교환합니다. 한 당사자의 정보를 다른 당사자에게 전달하는 역할을 하며, 당사자가 정보를 요청하는 경우 그에 따른 답변을 제공합니다. 절차 초반에 조정자는 비공개 세션에서 논의된 정보의 일부나 전체를 공유할 수 있는 권한을 받는 것 외에는 당사자가 어떤 것에 동의하도록 하는 경우는 거의 없습니다. 조정자는 두 번째 공동 세션을 제안할 수 있으며, 그동안 해결책을 도출할 수 있는 다양한 옵션들을 탐색한 후, 양 당사자들이 최소한의 요구를 충족할 수 있을 것 같은 실행 가능한 옵션에 집중할 수 있도록 도와야 합니다.

조정자는 일반적으로 각 당사자가 하나 이상의 합의 제안을 개발하도록 지원하며, 궁극적으로 조정자나 추가 공동 세션에서 당사자가 서로의 제안을 공유할 수 있습니다. 이 후속 세션의 목적은 당사자들이 합의를 향해 나아갈 수 있도록 유도하는 것입니다.

조정자가 당사자들 회의실을 몇 번 방문할지 또는 추가 공동 세션을 가질지에 대한 규칙은 없습니다.

어떤 경우에 일부 조정자는 조정자와 당사자들이 분리되지 않는 회의 형태 비카커스(No-caucus) 모델을 운영합니다. 어떤 경우든 목표는 양측이 모두 수용할 수 있는 범위로 선택지를 줄이고 합의를 위한 공동의 입장을 모색하는 것입니다. 이 과정에는 합의 대신 고려할 수 있는 대안들도 검토될 수 있습니다.

조정자는 일반적으로 이 단계에서 더 적극적인 역할을 수행합니다. 예를 들어, 조정자는 가상의 질문을 던지거나, 정보와 합의 가능한 시나리오를 제시할 수 있습니다. "만약 …이라면 가능할까요?" 또한, 당사자의 입장에 대해 예리한 질문을 던지며, 법적 청구와 방어의 강점과 약점에 대한 당사자의 견해를 테스트할 수 있습니다. 드물게, 조정자는 해당 청구와 방어의 장점에 대한 자신의 견해를 제시할 수도 있습니다. 조정자는 구체적이고 세밀한 설득을 통해 당사자가 양보하도록 도울 수 있습니다.

6. 제안 전달(Conveying Offers)

　조정자는 보통 한 당사자의 제안을 다른 당사자에게 전달하는 역할을 맡습니다. 이는 처음 제안에 대해 상대방이 모욕감을 느끼는 것을 방지하고 감정이 격해지는 상황을 예방하는 데 도움이 될 수 있습니다. 숙련된 조정자는 제안을 보다 긍정적인 방식으로 구성하여, 상대방이 제안의 의미를 잘 이해할 수 있도록 돕습니다.
　또한, 조정자는 공통점을 찾아내고 당사자들이 합의에 도달할 수 있도록 수정된 제안을 장려할 수 있습니다. 세션 사이의 휴식 시간 동안 조정자는 합의가 이루어진 부분과 의견 불일치가 있는 부분을 검토합니다. 제안된 합의의 조건을 검토하여 조정자가 정확하게 제안을 전달하는지 확인하는 역할도 수행합니다.

7. 교착 상태 대응하기(Dcaling with Impasse)

　잘 훈련되고 조정 절차 진행 기술을 가진 조정자는 명백한 교착 상태에 직면했을 때 이를 인식하고 적절하게 대처할 수 있는 능력을 갖추고 있습니다. 많은 경우, 당사자들 중 한 명 이상이 상황을 절망적으로 느끼거나 상대방이 비타협적이라고 생각할 수 있습니다. 이때 조정의 진정한 효과는, 조정자와 조정 절차가 당사자들의 교착 상태를 극복하고 실행 가능하며 지속 가능한 자발적인 합의에 도달하도록 돕는 데서 발생합니다.

교착 상태에 진정한 난관이 발생하면, 조정자는 당사자들과 협력하여 교착 상태의 원인을 파악하고 이를 극복할 수 있는 대안을 모색해야 합니다.

교착 상태를 처리하는 과정에서는 섹션 V의 6항에서 언급된 도구들을 필요에 따라 활용할 수 있습니다. 이러한 도구들은 주로 조정 절차 후반부에서 사용되며, 반드시 필요할 때만 신중하게 사용해야 합니다. 조정자는 판사가 아니며, 조정자의 의견은 구속력이 없고 합의 여부에 대한 최종 결정은 당사자들에게 있다는 것을 명심해야 합니다. 조정자의 역할은 합의 논의를 촉진하는 것일 뿐, 당사자가 원하지 않는 합의를 강요하는 것이 아님을 이해해야 합니다.

8. 합의 도달(Reaching an Agreement)

대부분의 경우, 조정 절차는 자발적인 합의로 종료됩니다. 조정자의 최종 임무는 합의 내용을 적절히 문서화하고, 모든 미해결 문제들이 해결되었는지 확인하는 것입니다.

경우에 따라 당사자들은 조정자가 합의 이행 단계에 계속 참여하도록 요청하거나 향후 합의 내용 외 분쟁이 발생하는 경우 당사자들이 조정자에게 협력을 요청할 수 있습니다. 또는 조정 절차가 합의 없이 종료되는 경우도 있습니다. 조정자는 다음 세션을 제안하거나 조정 외 이용 가능한 다른 절차에 대해 논의할 수 있습니다.

합의에 도달하지 못한 경우에도, 조정자는 최종 합동 세션을 통해 절차를 마무리해야 합니다. 조정자는 협상 과정을 요약하고, 최종 합의에 도달하지 못했음을 인정하며, 부분적인 합의를 요약하고, 남아 있는 분쟁 요소를 명확히 설명할 수 있습니다. 위에서 설명한 조정 프로세스는 여러 가지 변형이 있을 수 있지만, 대부분의 조정 절차에는 이러한 핵심 요소들이 포함됩니다. 각 단계에 대해 자세한 설명은 다음에서 다루어집니다.

IV.
조정 시작 및 조정 준비
Starting the Mediation

조정 준비

조정 절차로 진행되는 주요 경로는 다음 세 가지입니다.

- 당사자 간에 사전 합의한 경우
- 분쟁이 발생한 후 협의하는 경우
- 법원 규칙 또는 법원 명령에 따라 조정을 진행하는 경우

조정 진행 위한 합의

조정을 진행하려면 당사자 및 법률 대리인이 아래의 여러 가지 사항에 대해 사전에 합의해야 합니다.

- 조정을 통해 분쟁을 해결할 것인가?
- 조정자는 어떻게 선정할 것인가?
- 조정 절차에 적용될 규칙은 무엇인가?
- 조정의 일정, 장소, 예상 소요 기간은 어떻게 정할 것인가?

- 조정 비용은 누가 부담하는가?
- 사전에 공유해야 할 정보는 무엇인가?
- 조정의 범위는 무엇인가?
- 조정에 참석할 인원은 누구인가?

이러한 질문에 대한 답변은 조정을 진행하는 방식 및 절차에 따라 달라질 수 있습니다.

1. 사전 조정 합의(Prior Agreement to Mediate)

계약 당사자들은 계약을 체결할 때, 향후 분쟁 발생 시 따라야 할 분쟁 해결 절차를 계약서에 명시할 수 있습니다. 경우에 따라, 해당 절차는 당사자들이 민사 소송을 제기하거나 중재(Arbitration)를 신청하기 전에 조정을 거치도록 규정할 수 있습니다. 이러한 계약 조항에는 조정자 또는 조정 서비스 제공 기관, 적용될 규칙, 그리고 당사자들이 조정 절차를 진행하기 위해 충족해야 할 요건 등이 포함될 수 있습니다.

또한, 특정 조항에서는 분쟁 발생 시 조정을 진행한다는 원칙만 명시하고, 조정의 방식, 장소 및 일정은 당사자 및 변호사가 추후 협의하여 결정하도록 할 수도 있습니다.

고용주는 표준 고용 계약서의 일부로서, 직원 고용 조건으로 고용 관련 분쟁을 조정 및 또는 중재를 통해 해결하는 것에 동의하도록 요구할 수도 있습니다. 특히, 차별 관련 조항이 효력을 가지려면 특정 주법 및 최소한의 적법 절차 요건을 준수해야 할 수도 있습니다.

그러나 이러한 절차가 적절히 준비된다면 기존 소송을 대신할 수 있는 효과적인 대안이 될 수 있으며, 법원에 의해 집행될 수도 있습니다. 또한, 고용 계약서에 포함된 분쟁 해결 시스템에는 조정 절차를 진행하기 전에 거쳐야 하는 몇 가지 내부 절차가 포함될 수도 있습니다.

분쟁 해결 조항에는 조정 서비스 이용 가능 여부, 조정 진행에 대한 비용 및 경비 부담 방식 등의 조항을 포함하여 다른 절차적 정보가 포함될 수 있습니다. 정부 기관 및 기타 공공 기관도 관련 분쟁 해결 방법으로 조정을 규정화할 수 있으며, 이러한 규정에는 조정 절차 및 불만 처리 방법이 명시될 수 있습니다.

2. 현재 분쟁에 대한 조정 합의
　(Agreement to Mediate Current Dispute)

민사 분쟁의 당사자들은 해당 분쟁을 조정을 통해 해결하기로 합의할 수 있습니다. 이를 위해 반드시 민사 소송을 먼저 제기해야 하는 것은 아니며, 법원이나 기타 기관의 승인을 받을 필요도 없습니다. 마찬가지로, 당사자들이 협상을 통해 갈등을 해결할 수 있는 것처럼, 협상을 돕기 위해 중립적인 제3자의 도움을 받아 조정을 진행하는 것도 자유롭게 선택할 수 있습니다.

비즈니스 관계에 있는 당사자들은 기본 계약에 조정 절차가 명시되어 있지 않더라도, 소송이나 중재(Arbitration)에 앞서 조정을 통해 분쟁을 해결하기로 결정할 수 있습니다. 일부 기업들은 회사 정책 차원에서 모든 분쟁에 대해 조정을 제안하기도 합니다. 미국의 대기업 대부분은 유사한 서약을 맺은 다른 회사와 분쟁이 발생할 경우, 소송을 제기하기에 앞서 조정 또는 기타 대체적 분쟁 해결(ADR) 방식을 고려하겠다는 계약을 하기도 합니다.

때로는 민사 소송이 제기된 이후, 법원이 확정적인 조치를 취하기 전에 당사자들이 조정에 합의하는 경우도 있습니다. 이러한 모든 자발적 합의에서, 당사자들은 조정 절차를 시작하기 위해 아래와 같은 질문들에 대해 협력하여 답을 도출해야 합니다.

- 조정자는 어떻게 선정할 것인가?
- 어떤 규칙을 따라야 할 것인가?
- 조정 비용은 어떻게 지불할 것인가?
- 조정은 언제, 어디에서 진행할 것인가?
- 조정 절차는 얼마나 오래 지속될 것인가?
- 합의에 이르지 못하면 어떻게 할 것인가?

3. 조정 명령(Order to Mediate)

대부분의 관할권에서 법원은 민사 소송에 대해 일정한 형태의 법원 연계 조정 절차를 제공합니다. 소액 사건을 다루는 많은 법원에서는 자원봉사자로 구성된 조정자 패널을 통해 무료 조정 서비스를 제공받을 수 있습니다. 다른 법원에서는 판사, 치안 판사 또는 기타 사법 공무원이 조정자로 활동하며, 일반적으로 추가 비용이나 수수료가 부과되지 않습니다. 또한, 일부 법원에서는 법원이 승인한 조정 패널을 운영하며, 조정을 요청한 당사자에게 조정 서비스를 제공합니다. 이 경우, 당사자들은 일반적으로 비례 기준에 따라 조정자의 수수료 및 비용을 부담해야 합니다.

법원과 판사는 조정을 자발적으로 이용하기로 한 당사자들에게 조정 서비스를 제공할 뿐만 아니라, 조정을 받도록 압력을 행사할 수 있습니다. 판사는 조정의 이점을 적극적으로 고려하도록 당사자들에게 권고할 수 있으며, 조정 참여를 재판 기일 설정의 전제 조건으로 삼을 수도 있습니다. 일부 관할권에서는 법원 규칙에 따라 모든 민사 소송이 재판 전에 조정을 거치도록 의무화되어 있습니다. 이러한 관할권에서는 판사가 당사자들에게 조정을 명령할 수 있으며, 조정 명령을 받은 경우에도 당사자들은 조정자를 선택하고 조정의 시간, 날짜, 장소 및 범위에 대해 합의할 권리를 보유합니다.

4. 조정자 선택하기(Selecting the mediator)

당사자를 변호사가 대리하는 경우, 일반적으로 변호사가 조정자 선정 과정에 적극적으로 관여합니다. 반면, 당사자가 직접 조정자를 선정하는 경우에는 당사자가 직접 조정자 선정 절차에 참여해야 합니다. 법무법인에 소속된 변호사가 당사자를 대리하는 경우 해당 법무법인이 자체적으로 조정자 명단을 보유하고 있을 수도 있습니다. 많은 주에서는 조정자가 법률 신문이나 기타 정기 간행물을 통해 자신의 조정 서비스를 광고하기도 합니다.

미국에서는 조정자에 대한 정보를 쉽게 찾을 수 있습니다. 많은 조정자가 개인 웹사이트를 운영하거나, 인터넷 서비스 제공업체를 통해 이력서 및 기타 정보를 게시하고 있습니다. 점점 더 많은 조정자가 소셜 네트워크를 활용하여 조정 서비스를 필요로 하는 사람들과 연결되며, 이를 통해 유료 또는 무료로 조정 서비스를 제공합니다.

또한, 당사자들은 ADR 서비스 제공 기관을 이용할 수 있으며, 이 기관들은 자격을 갖춘 중립 조정자(Neutrals) 명단을 보유하고 있어 당사자들이 적절한 조정자를 선택하는 데 도움을 줄 수 있습니다. 사건이 법원에 계류 중인 경우, 법원이 자체적으로 보유한 중립 조정자 명단에서 선택할 수도 있습니다.

일반적으로 조정자는 특정한 라이선스 요건이나 필수 교육 과정은 없습니다. 대부분의 관할권에서는 법원 조정자 명단에 등록되기 위해 조정자가 35~40시간의 교육을 이수해야 합니다. 일부 관할권에서는 조정자가 경험이 있는 조정자를 참관하거나, 여러 사건을 공동 조정하는 과정을 거쳐 추가적인 경험과 교육을 쌓도록 요구하기도 합니다. 시장 경제에서 공식적인 요건이 없다고 해서 조정자가 교육을 받지 않았다는 의미는 아닙니다. 대부분의 조정자는 조정자 교육을 필수적으로 여기며, 조정자 교육을 통해 보다 능숙한 조정자가 될 수 있고, 이는 일종의 자격 증명으로 작용할 수 있다는 점을 인식하고 있습니다.

조정자를 찾는 당사자들은 일반적으로 조정자의 교육, 배경 및 경험에 대한 정보를 알고 싶어 합니다. 이에 따라 대부분의 조정자는 자신의 교육 및 경력을 상세히 기술한 이력서를 준비하여 즉시 확인할 수 있도록 합니다. 이력서에는 조정자가 담당한 사건의 유형과 주제별 경험을 가진 분야에 대한 정보가 포함됩니다. 또한, 당사자들은 최종 결정을 내리기 전에 한 명 이상의 조정자를 인터뷰할 수도 있습니다.

조정자가 서비스 비용을 청구하지 않더라도, 당사자는 특정 조정자의 조정을 거부할 권리를 가집니다. 이는 자발적 조정의 핵심적이고 기본적인 원칙입니다.

5. 조정 계약 및 준거 규칙(Governing rules)

당사자들이 조정자를 선택하면, 조정자는 일반적으로 조정의 범위, 준수해야 할 절차, 규칙, 조정자의 수수료 및 조정 과정과 관련된 제반 비용의 지급 방법 등을 명시하는 공식적인 조정 계약을 체결할 것을 당사자들에게 제안합니다. 대부분의 조정 계약은 조정 절차가 자발적이며 기밀로 유지된다는 점을 명시합니다. 또한, 조정자는 어떠한 당사자도 조정자를 소환하여 다른 절차에서 진행 중인 조정 과정에 대해 증언하도록 요구하지 않을 것이라는 조항을 포함하는 경우가 많습니다. 조정 합의는 당사자들의 특별한 요구 사항을 충족하도록 조정될 수 있습니다.

분쟁 해결 협상 또는 다른 대체적 분쟁 해결(ADR) 절차에서 공개된 정보 및 각 당사자의 입장을 기밀로 유지하는 것은 공동의 관심사입니다. 대부분의 합의 절차는 합의 협상을 촉진하는 데 목적이 있으므로, 연방 증거 규칙(Federal Rules of Evidence) 408조 및 주 정부 관련 규정에 따라 보호받을 수 있습니다. 미국 내 40개 이상의 주 의회가 조정 절차의 보호 범위를 확대하는 법령을 제정하였으며, 2003년에는 조정 기밀성을 보다 일관되게 다루기 위한 통일 조정법(UMA, Uniform Mediation Act) 초안이 마련되었습니다. 이후 12개 주와 컬럼비아 특별구에서 UMA를 채택하였습니다.

이 법령의 보호를 받기 위해서는 당사자들이 서명한 서면 조정 합의서가 있어야 하며, 조정자는 해당 법령에 명시된 자격 요건을 충족해야 합니다.

조정자와는 별도로, 당사자들은 조정 절차를 공식화하는 계약서를 작성할 수도 있습니다. 이 문서는 조정을 통해 합의가 이루어지지 않을 경우 진행될 다음 단계에 대한 규정을 포함할 수 있습니다. 예를 들어, 현재 진행 중인 법적 절차의 일시적 유예 또는 상호 제소 권리의 제한에 관한 조항을 포함할 수도 있으며, 조정 절차의 일부로 주요 정보를 체계적으로 교환하는 방안을 명시할 수도 있습니다. 만약 당사자들이 특정 조정 서비스 제공업체를 이용하기로 동의한 경우, 별도의 합의나 특정 수정이 없는 한 해당 제공업체가 사용하는 규칙이 조정 절차를 지배합니다.

   법원과 연계된 조정 프로그램에서는 일반적으로 표준화된 간단한 조정 계약서를 제공합니다. 또한, 법원의 명령이나 조정 요구에 따라 당사자가 재판 전에 조정 절차에 참여하도록 지시받는 경우가 있지만, 조정 절차 자체는 여전히 자발적으로 진행되며 일반적으로 조정 계약서에 이러한 내용이 반영됩니다. 이러한 계약은 분쟁의 실체가 아니라 조정 절차에만 적용됩니다. 그러나 법적 계약으로서 효력을 가지며, 계약 조건에 따라 법정에서 집행될 수 있습니다. 예를 들어, 당사자들이 사전에 모든 분쟁을 조정으로 해결하기로 합의한 계약이 있을 경우, 법원은 이를 존중합니다.

   만약 한 당사자가 조정을 거치지 않고 소송을 제기한 경우, 상대방은 법원에 조정 합의의 이행을 요청할 수 있습니다. 이에 따라 법원은 조정이 진행되는 동안 모든 소송 절차를 중지하도록 명령하거나, 소송을 기각하여 당사자가 조정을 시도했으나 분쟁이 해결되지 않은 경우에만 다시 소송을 제기할 수 있도록 허용할 수 있습니다.

6. 조정 전 회의(Pre-mediation Conference)

   조정자가 선정되고, 당사자들이 조정에 대한 서면 합의서를 체결한 후, 조정자는 일반적으로 당사자들이 성공적인 조정을 준비할 수 있도록 적극적인 역할을 수행합니다. 만약 당사자들이 변호사를 선임하고 변호사가 조정 진행을 대리한다면 조정자는 변호사들과 전화 또는 간단한 대면 회의를 통해 조정 전 회의 일정을 조율할 수 있습니다. 일부 조정자는 각 당사자의 변호사와 개별적으로 연락하여 일정을 조정하기도 합니다.

유능한 조정자는 조정 전 회의에서 다루어야 할 주요 주제에 대한 체크리스트를 가지고 있으며, 다음과 같은 주제들은 일반적으로 첫 번째 조정 세션 전에 어떤 방식으로든 논의됩니다.

가. 조정 일정 예약(Scheduling the Mediation)

당사자들과 조정자는 조정을 위한 시간, 날짜 및 장소를 결정해야 합니다. 경우에 따라 당사자들은 정보를 교환하고 협상 전략을 수립하기 위해 추가 시간이 필요할 수 있으며, 일정 기간 조정을 연기하고자 할 수도 있습니다. 반면, 조정 준비가 완료된 당사자들은 조정자에게 연락하여 사전 조정 회의 직후 조정 진행을 요청할 수 있습니다.

법원과 연계된 조정 프로그램에서는 법원이 조정의 개념을 당사자들에게 소개할 수도 있습니다. 특히, 주 법원에서는 당사자들이 공개 법정에서 분쟁을 조정하기로 합의하면, 재판장이 즉시 법원 조정 절차로 사건을 회부할 수 있습니다.

일반적으로, 공정성을 확보하기 위해 모든 당사자와 변호사는 조정 일정, 조정의 시작 시점, 조정 진행 기간 및 기타 기본 규칙(Ground rules)을 명확히 이해해야 합니다. 이는 한쪽 당사자가 조정을 조기에 종료하거나 종료를 위협하는 돌발 상황을 방지하는 데 도움이 됩니다. 일부 조정자는 당사자들이 원할 때 자유롭게 퇴장할 수 있도록 하며, 시작 시간만 정하고 필요한 만큼 조정을 진행하는 방식을 선호합니다. 반면, 일부 조정자는 돌발 상황을 방지하고 협상 과정을 원활히 진행하기 위해 시작 시간과 종료 시간을 모두 정하기도 합니다.

어떠한 경우에도 조정자의 선호도가 당사자들의 합의를 통제하거나 우선할 수 없습니다. 또한, 조정 장소는 조정의 성공에 중대한 영향을 미칠 수 있습니다. 당사자들은 안전하고 편안한 환경에서 조정을 진행할 권리가 있으며, 상대방의 사업장에서 조정을 강요당할 경우 명백한 힘의 불균형이 발생할 수 있습니다. 일반적으로, 조정자는 어느 당사자도 심리적으로 우위에 있지 않은 중립적인 장소를 제안하거나 제공하는 것을 목표로 합니다.

나. 조정에 참석할 사람에 대한 협의(Discussing who will attend the mediation)

조정이 성공적으로 이루어지려면, 결정 권한을 가진 적절한 당사자가 참석해야 합니다. 조정자가 사전 조정 회의에서 반드시 묻는 핵심 질문은 다음과 같습니다.

"이 사람이 합의 후 계약을 체결할 권한을 가지고 있습니까?"

당사자의 대리인(Representative)은, 심지어 변호사일지라도 "아니요"라고 말할 수 있는 권한이 있습니다. 예를 들어 "아니요, 나는 고객과 협의 검토해야 하므로 동의할 수 없습니다"라고 말할 수 있습니다.

때때로, 기업 측에서는 권한이 제한된 인원을 보내기도 하며, 이는 합의 금액이 매우 낮을 경우에만 동의할 수 있고 유효할 수 있습니다. 따라서 기본적으로 확인해야 할 질문은 "현재 참석한 사람이 실제로 '예'라고 말할 권한이 있는가?"입니다. '예'라고 말할 수 있는 권한이란, 해당 당사자가 지정한 대리인이 조정 과정에서 제시된 제안을 평가하고, 합리적인 범위 내에서 대안을 결정할 수 있는 능력을 의미합니다.

조정이 원활히 진행되기 위해서는, 조정 전에 참석자의 권한 범위를 명확히 파악하는 것이 중요합니다.

다. 정보 교환(Information Exchange)

당사자들은 조정 세션(Session) 전에 조정자 또는 상대방과 정보를 공유할지 결정할 수 있습니다. 조정자는 조정 전에 가장 유용한 정보 교환 유형 및 종류를 논의하도록 유도할 수 있습니다. 이에 포함될 수 있는 문서들은 다음과 같습니다.

- 주요 기업 또는 비즈니스 문서
- 비즈니스 분쟁의 경우 당사자 간의 계약서
- 임대인/임차인 분쟁의 경우 임대차 계약서
- 의료 과실 사건의 경우 의료 기록 및 관련 보고서
- 개인 상해 사건의 경우 사고 및 경찰 보고서
- 상업 사건의 경우 재무제표 및 기록

정보 교환은 조정 과정에서 명확성을 높이고, 보다 효율적인 논의를 가능하게 하는 중요한 요소입니다.

라. 조정 진술서(Mediation Statements)

조정자는 각 당사자에게 조정 진술서를 작성하도록 제안할 수 있으며, 이 진술서는 상대방과 공유할 수도 있고, 당사자의 판단에 따라 조정자에게만 비밀리에 제공될 수도 있습니다. 조정 진술서에는 일반적으로 다음과 같은 정보가 포함됩니다.

- 분쟁의 성격
- 당사자의 법적 지위 또는 입장
- 법원 판결 또는 협상에 의한 합의를 통해 당사자가 원하는 사항에 대한 기본 정보

일반적으로, 당사자들은 합당한 경우 조정 진술서에 주요 문서를

첨부하여 조정자와 상대방이 청구 또는 방어의 사실적 근거를 충분히 이해할 수 있도록 합니다. 이는 조정이 효과적으로 진행될 수 있도록 지원하는 중요한 단계입니다.

7. 조정 준비(Mediation Preparation)

복잡한 이해관계를 가진 당사자들과 그들의 변호사는 주요 협상이나 재판을 준비하듯 조정 회의(Session)도 철저히 준비해야 합니다. 핵심적인 질문은 전략적이어야 합니다. "우리가 달성하려는 목표는 무엇인가?" 이 질문에 대한 답은 적대적인 법적 분쟁 상황과 합의를 지향하는 조정 과정에서 크게 달라질 수 있습니다.

효과적인 협상을 통해 계약을 체결하려면 양측의 요구와 이해관계를 면밀히 분석해야 합니다. 또한, 현재 정보를 바탕으로 법적 청구의 강점과 약점을 평가하는 동시에 합의가 이루어지지 않을 경우의 대안을 검토하는 과정이 포함됩니다.

의뢰인이 조정 절차를 준비할 때, 변호사는 일반적으로 조정의 진행 방식과 조정 과정에서 변호사가 수행할 다양한 역할에 대해 논의합니다. 또한, 각 참가자의 역할을 준비 및 검토하며, 의뢰인이 공동 회의에서 직접 발언할 수 있는지, 발언한다면 어떤 내용을 전달할 것인지에 대해 구체적으로 검토합니다.

때에 따라 준비 과정에서 총연습(Dress rehearsal)을 진행하기도 합니다. 철저한 준비는 성공적인 조정을 이끄는 중요한 요소이며, 이는 결국 시간과 비용 면에서 더 큰 가치를 창출할 수 있습니다.

V.
조정 절차 및 분쟁 해결하기
The Mediation Process

1. 당사자들 소개 및 기본 규칙(Introductions and Ground rules)

경우에 따라 각 당사자는 조정자 또는 상대방을 만나기 전에 구성원들이 세부 사항을 별도의 공간에서 논의할 시간을 갖습니다. 반면 다른 경우에는 모든 당사자가 본 회의실에서 조정 절차를 시작합니다.

조정 절차는 조정자가 자신을 소개하는 것으로 시작됩니다. 이때 조정자의 배경, 자격, 경험 등의 정보가 포함될 수 있으며, 필요한 공개 사항도 전달됩니다. 당사자들은 조정자가 변호사 또는 상대방과 어떤 관계를 맺고 있는지 알 권리가 있습니다. 예를 들어, 조정자가 과거에 당사자나 변호사와 함께 조정한 경험이 있는지, 사회적 관계가 있는지, 비즈니스적으로 연관되어 있는지 등의 정보를 공개해야 합니다. 이러한 공개 사항은 공식적인 결격 사유보다는 더 넓은 범위를 포함합니다.

조정자는 조정 세션이 시작되기 전에 변호사와의 첫 전화 회의에서 이러한 내용을 공개했어야 하며, 첫 번째 세션의 초반에 이를 다시 확인하는 것이 일반적입니다. 조정자가 자신을 소개하고 필요한 공개를 반복한 후, 조정자는 당사자들에게 조정자가 현재 분쟁의 해결을 위해 당사자를 돕는 것과 조정자로서의 역할을 하는 것에 대한 의사가 있는지, 조정 과정에 참여할 의사가 있는지를 다시 확인해야 합니다. 대부분의 경우 당사자들은 긍정적으로 응답하겠지만, 조정의 첫 번째 윤리적 원칙인 자기결정권을 보장하기 위해 당사자들이 조정을 자발적으로 선택했음을 명확히 확인하는 것이 중요합니다. 또한, 고객 대표가 참석한 자리에서 공개를 반복하면 조정자에 대한 신뢰와 절차의 공정성을 높이는 효과도 있습니다.

이후 조정자는 각 당사자가 자신을 소개하도록 요청하여 소개 절차를 진행합니다. 이 과정은 단순히 이름과 직책을 밝히는 수준에서 끝날 수도 있지만, 경험이 많은 조정자는 이를 보다 심도 있는 대화로 발전시키기도 합니다. 각 참여자에게 진정한 관심을 보이는 것은 조정 과정에 대한 신뢰와 편안함을 조성하는 데 중요한 역할을 합니다. 반면, 경험이 부족한 조정자는 시간 낭비를 우려하여 서둘러 소개를 마무리할 수도 있습니다. 하지만 천천히 서두르라(Make haste slowly)는 원칙은 조정 과정에서 매우 유용합니다. 초반에 당사자들과 신뢰 및 유대감, 친밀한 관계를 충분히 형성하지 못하면, 조정이 중요한 국면에 접어들었을 때 성공적인 결과를 도출하는 데 어려움을 겪을 수 있습니다.

조정자가 자신을 소개하고 당사자들이 조정자 및 상대방에게 소개된 후, 조정자는 조정 절차 및 적용될 기본 규칙을 안내해야 합니다. 이를 조정자의 개시 진술(Opening statement)이라고 합니다. 개시 진술의 길이는 조정자의 스타일과 당사자들의 경험에 따라 달라질 수 있습니다. 조정자는 "이전에 조정을 경험해 본 적이 있습니까?"라고 질문할 수 있으며, 특히 비즈니스 분쟁의 경우 일부 참가자가 조정이 처음일 가능성이 높습니다. 당사자가 변호사를 통해 조정에 참여하는 경우에도, 조정자는 변호사들이 각 당사자에게 제공한 조정 절차 등의 정보가 동일하다고 가정해서는 안 됩니다. 따라서 조정자는 개시 진술에서 다루어야 할 주요 내용을 머릿속에 체크리스트로 정리해 두는 것이 일반적입니다.

일부 조정자는 개시 진술에서 기본적인 절차 및 규칙을 설명하면서, 당사자들이 조정 규칙을 수용할 의사가 있는지를 확인하여 각 주제를 진행하는 공통 규칙을 구축하는 기회로 활용하기도 합니다. 이들 규칙, 주제 중 상당수는 이미 조정 합의서에서 정해졌을 가능성이 높습니다. 그러나 어떠한 방식이든, 모든 참가자가 기본 규칙을 이해하고 준수하는 것이 중요합니다. 일반적으로 다음과 같은 내용이 조정자의 체크리스트에 포함됩니다.

가. 조정은 자발적으로 진행되어야 합니다(Mediation is voluntary)

모든 조정 절차는 자발적으로 진행되며 모든 당사자가 동의해야 합니다. 대부분의 경우 조정 절차에 참여하는 것조차도 자발적으로 이루어집니다. 하지만 일부 법원에서는 특정 법적 절차의 일부로 조정에 참여하도록 요구하는 강제 조정 프로그램을 운영하기도 합니다. 또한, 당사자들은 계약을 통해 분쟁 해결 절차의 일부로 조정을 사전에 합의할 수도 있습니다. 그러나 어떠한 경우에도 당사자들이 조정을 통해 반드시 합의에 도달해야 하는 것은 아닙니다. 조정 절차에서 당사자가 결과를 통제할 수 있다는 점은 조정의 핵심이자 다른 분쟁 해결 방식과 차별화되는 요소입니다.

나. 조정은 기밀로 유지됩니다(Mediation is confidential)

조정 과정에서 이루어진 진술은 법원 서류, 소송 절차에서 사용되거나 인용될 수 없으며, 다른 방법으로 공개되지 않습니다. 또한, 누구도 조정자에게 법정에서 증언하도록 요청할 수 없습니다. 조정자는 기밀 유지에 대한 간단한 동의서를 배포하고, 조정자를 포함한 모든 참석자로부터 서명을 받을 수 있습니다. 이를 통해 조정 과정에서 기밀 유지의 중요성을 강조하고, 어떤 정보가 보호되는지 명확히 할 수 있습니다.

다. 공동 세션 및 개별 세션(Joint sessions and private sessions)

조정 절차에는 모든 당사자에게 발언 기회가 주어지고 함께 논의하는 공동 세션과, 조정자와 일방 당사자가 비공개로 논의하는 개별 회의

(사적 토론, Caucus)가 포함될 수 있습니다. 개별 회의에서 조정자에게 제공된 정보는 정보를 제공한 당사자가 동의하지 않는 한 상대방과 공유되지 않습니다. 상업적 조정에서는 드물지만, 당사자들이 개별 회의 없이 진행하는 방식에 동의할 수도 있습니다.

라. 조정자는 중립적입니다(The mediator is neutral)

조정자는 중립적이고 공정해야 합니다. 조정자는 어느 한쪽을 편들지 않으며, 누가 옳고 그른지 판단하지 않습니다. 또한, 조정자는 소송에서 누가 승소하거나 패소할 것인지에 대한 의견을 제시하지 않습니다. 다만, 조정이 진행되는 동안 분쟁의 본질에 대해 의견을 제시할 수 있습니다. 그러나 조정자와 당사자들이 특정 시점에서 조정자가 평가를 제공할 수 있음에 동의하지 않는 한, 조정자는 조정 절차 전반에서 중립성을 유지해야 합니다.

마. 조정자는 결과를 결정하지 않습니다(The mediator will not decide the outcome)

조정자는 중재자(Arbitrator) 또는 판사가 아닙니다. 오직 당사자들만이 합의에 도달할지 여부를 결정합니다.

바. 조정자는 법적 증인 또는 참고인이 될 수 없습니다(The mediator will not become a witness or deponent)

어떠한 경우에도 조정자는 조정 절차와 관련하여 법정이나 기타 장소에서 증언하도록 강요받지 않습니다. 이 원칙에 대한 모든 예외 사항은 사전에 공개적으로 논의되고 문서화되어야 합니다.

사. 모든 사람이 발언하고 들을 기회를 갖습니다(Everyone will have a chance to speak and to be heard)

당사자가 변호사를 선임하고 대리를 받는 경우라도, 참석한 모든 당사자는 원하는 경우 발언할 기회를 가지며 조정 과정에 참여할 수 있습니다. 변호사가 의뢰인에게 공동 세션에서 발언을 자제하라고 조언하고, 발언하는 것은 오로지 변호인에게만 맡기라고 이야기하였을 수도 있습니다. 그러나 상대방의 예상치 못한 발언으로 의뢰인의 직접 참여를 유도하여 의뢰인이 얘기하려는 경우도 있습니다. 이 경우 의뢰인은 상대방이 있는 상황에서 조정자와 직접 대화할 필요성을 느낄 수 있으며, 변호사는 이러한 가능성을 염두에 두어야 합니다.

당사자들이 진정으로 원하는 것은 단순히 말하는 것이 아니라, 자신이 한 말을 상대방이 경청하는 것입니다. 종종 당사자들은 "상대방이 우리의 말을 전혀 듣지 않는다"라고 불만을 토로합니다. 이에 대해 조정자는 "당신이 발언할 때 저는 귀 기울여 들을 것이며, 상대방도 그렇게 할 것임을 믿고 있습니다"라고 말할 수 있습니다.

또한, "상대방이 발언할 차례가 되면, 상대방이 당신의 말을 주의 깊게 들었던 것처럼, 당신도 상대방의 말을 경청해야 합니다"라고 덧붙일 수도 있습니다. 의견, 불만, 비판을 충분히 개진하는 것은 효율적인 협상을 위한 필수 조건입니다.

아. 메모하기(Taking Notes)

대부분의 조정자는 조정 과정 중 메모를 작성합니다. 조정자는 메모를 작성하는 이유와 방식, 그리고 조정 종료 후 메모를 어떻게 처리할 것인지 설명해야 합니다. 일부 조정자는 조정이 끝난 후, 특히 합의가 이루어진 경우 메모를 폐기하는 것을 원칙으로 삼기도 합니다. 조정자는 당사자들에게도 메모를 작성할 것을 권장할 수 있습니다.

우리는 모두 상대방이 말할 때 경청하기로 동의하였지만, 때때로 그 주제에 대해 자신의 생각을 덧붙이고 싶어서 말을 끊고 싶은 유혹을 느낄 수 있습니다. 이 경우 "우리 서로 상대방이 얘기할 때 말을 끊지 않기로 하는 것에 동의할 수 있을까요?"라고 제안하면서 만약 상대방이 말하는 중에 하고 싶은 말이 있다면, 이를 메모해 두십시오. 자신의 차례가 되었을 때, 메모는 자신이 말하고자 하는 내용을 상기하는 데 도움이 될 것입니다.

자. 휴식 취하기(Taking breaks)

조정 절차는 수 시간에 걸쳐 진행될 수 있습니다. 대부분의 비즈니스 조정에서 당사자들은 하루 또는 며칠을 조정을 위해 할애합니다. 조정 과정에서 적절한 휴식을 취하는 것이 중요하며, 상대방이 휴식을 요청할 경우 이를 존중해야 합니다. 각 당사자는 발언하고 제안한 내용을 숙고할 시간이 필요하며, 때로는 혼자만의 시간이 필수적일 수도 있습니다. 조정자는 일반적으로 각 당사자가 개별적으로 조정 진행 상황을 논의할 수 있도록 별도의 회의실을 제공하며, 이에 대해 사전 공지합니다.

차. 질문들(Questions)

"조정 절차나 저, 조정자에 대해 궁금한 점이 있으신가요?"라는 질문은, 공개 세션에서 조정자나 상대방의 발언으로 인해 감정이 동요되었을 때 조정 절차의 적절성과 타당성에 대한 질문을 할 수 있는 좋은 기회를 제공합니다. 모든 당사자는 조정 절차의 실효성과 관련된 문제를 솔직하고 자유롭게 논의할 수 있어야 합니다. 예를 들어, 필수적인 의사결정권자의 참석 여부, 참여자들의 권한 범위, 중요한 비즈니스 정보의 가용성, 영업 비밀 또는 기타 민감한 정보의 기밀 유지 등이 이에 해당합니다. 조정 절차의 완전성과 신뢰성을 보장하기 위해, 이러한 우려 사항은 첫 번째 공동 세션에서 논의되는 것이 바람직합니다.

2. 초기 합동 회의(Initial Joint Presentations)

 각 당사자는 자신의 이야기, 즉 무슨 일이 일어났고 그 결과 어떤 일이 일어나기를 원하는지를 말할 기회를 가져야 합니다. 일반적으로 변호사가 프레젠테이션을 진행하지만, 적절한 경우 기업 대표가 비즈니스 문제에 대해 더 설득력 있게 설명할 준비가 되어 있다면 역할을 공유할 수도 있습니다.

 조정자는 첫 번째 합동 회의에서 당사자들이나 기업 대표가 대화에 적극적으로 참여하도록 유도할 수 있습니다. 때때로 조정자는 당사자에게 배경 정보를 요청하거나 변호사의 발언에 대한 설명을 직접 요구할 수도 있습니다. 또는 당사자들이 원하는 방식으로 발표하도록 허용한 후, "지금까지 말한 내용에 추가하고 싶은 것이 있습니까?"라고 간단히 묻는 방식도 가능합니다.

 초기 프레젠테이션에는 하나의 방법만 있는 것이 아닙니다. 이러한 초기 진술은 재판에서의 개회 진술과 최종 변론을 축약한 혼합 형태가 될 수 있습니다.

 때때로 당사자 또는 그 변호인은 사건의 경위를 자신들의 관점에서 설명하되, 중립적이고 덜 논쟁적인 방식으로 이야기할 수 있습니다. 그러나 때로는 당사자나 변호인이 보다 감정적이고 열정적인 어조로 솔직하게, 상대방의 책임 근거를 제시하며 구체적으로 주장하는 것이 적절할 수도 있습니다.

 계약 또는 비즈니스 거래와 관련된 조정에서는 파워포인트를 활용하여 프레젠테이션을 하거나, 계약서 사본 또는 주요 조항 사본, 사진, 이메일, 서신, 핵심 증언의 녹취록이나 기록 발췌본 등을 화면에 띄우거나 배포하는 방식으로 진행할 수도 있습니다.

조정자는 각 당사자가 상대방의 발언을 주의 깊게 듣고 있는지 확인하기 위해 다양한 기법을 활용합니다. 조정자는 발언 내용을 요약하거나 개방형 질문을 통해 당사자가 자신의 이야기를 명확하게 전달하도록 도울 수 있습니다. 또한, 조정자는 어느 한쪽의 편을 들거나 "옳다" 또는 "그르다"라고 판단하지 않고, 각자의 입장을 진정으로 이해하려는 관심과 태도를 보이며 각 당사자가 신뢰를 가질 수 있어야 합니다.

초기 발표는 짧게 진행될 수도 있으며, 단순한 사건의 경우 5분이면 충분할 수 있지만, 복잡한 사안의 경우 1시간 이상 소요될 수도 있습니다. 발표에 대한 공식적인 규칙은 없으며, 양 당사자의 발표 시간이 반드시 동일할 필요도 없습니다. 이는 조정자와 당사자들이 설정한 기본 규칙(Ground rules)에 따라 결정됩니다.

합동 회의에서는 당사자가 조정을 통해 원하는 바를 명확히 이해하는 것이 중요할 수도 있고, 단순히 각자의 입장을 개진하는 것으로 종료될 수도 있습니다. 모든 경우에 조정자는 분쟁이나 의견 차이를 적대적인 소송으로 전환하지 않도록 돕습니다. 대부분의 조정자는 당사자의 이야기를 하나의 객관적인 서술로 조화하려 하지 않습니다. "실제로 무슨 일이 있었나요?"라는 질문은 보통 유용하지 않다고 생각하는 질문입니다. 당사자들은 실제로 무슨 일이 있었는지 합의할 가능성이 거의 없으며, 대부분의 경우 당사자들이 서로의 차이를 해결하기 위해 무슨 일이 있었는지에 대한 합의에 도달할 필요가 없습니다. 당사자들에게는 과거의 사실에 대한 합의보다는 미래에 대한 합의에 도달하는 것이 더 중요하기 때문입니다. 그러므로 앞으로 일어날 일에 대해 합의가 이루어지도록 노력합니다.

3. 개별 당사자 회의(Private party sessions)

양측이 초기 발표를 마친 후, 조정자는 일반적으로 휴식을 제안합니다. 또한 조정자는 각 당사자와 개별적으로 만나기를 원한다고 제안할 것입니다. 조정자는 개별 회의에서 공유된 정보가 기밀임을 강조하며, 당사자의 동의 없이 이를 상대방과 공유하지 않습니다.

조정자가 어느 당사자와 먼저 만날지는 정해진 순서가 없습니다. 조정자는 한 당사자에게 개별 회의에서 논의된 사항이 상대방과의 회의에서 논의되고 반영될 수 있다는 것을 암시할 수도 있습니다. 일반적으로 조정자의 목표는 양 당사자가 조정 절차와 공유된 정보, 그리고 각자의 진정한 관심사와 목표에 집중할 수 있도록 돕는 것입니다.

개별 회의에서는 참가자들이 보다 편안하고 열린 마음으로 더 많은 정보를 공유할 수 있도록 조정자가 노력합니다. 변호사가 참석하더라도, 조정자는 주로 당사자나 기업 대표에게 관심을 집중합니다. 이는 당사자의 권한을 강화하는 중요한 요소 중 하나입니다. 당사자의 참석자가 여러 명일 경우, 조정자는 모두가 회의에 참여할 수 있도록 조율합니다.

이 단계에서 당사자들이 공유하고자 하는 더 많은 사실적 배경이 있을 수 있다는 것을 인지합니다. 또는 당사자는 상대방의 행동이 자신에게 어떤 영향을 주었는지 설명할 수도 있습니다. 경험이 풍부한 조정자는 이 시점에서 서두르지 않으며, 참가자들이 자신의 말을 적극적으로 경청하고 있다고 느끼도록 하고 신뢰 분위기를 조성합니다. 이를 통해 당사자들이 신뢰의 분위기를 느끼는 경우 평소에는 표현하지 못했던 감정과 생각을 공유할 가능성이 높아집니다.

조정이 진행되는 동안 조정자의 관심과 질문, 공동 발표 그리고 개인적으로 솔직한 견해를 표현할 수 있는 기회를 통해 당사자 또는 기업 대표는 분쟁을 감정적이거나 원칙적 방식에 얽매이지 않고 분쟁을 바라보게 될 수도 있습니다. 그 결과 정서적으로 해결 제안을 수용할 가능성이 더욱 높아질 수 있습니다.

유능한 변호사들은 조정의 이 단계가 법적 근거나 합의 제안에 관한 논의만큼 최종 해결에 중요한 역할을 할 수 있음을 이해하고 있습니다. 경험이 풍부한 변호사는 이 과정을 서두르지 않을 것입니다. 조정자는 감정적인 문제와 비즈니스 원칙을 균형 있게 다루면서 합의를 향한 절차를 지속합니다.

일부의 경우, 특히 변호사가 참석하는 경우, 논의가 당사자의 법적 입장을 검토하는 단계로 넘어갈 수도 있습니다. 조정자는 판사가 아니므로 분쟁의 옳고 그름을 판단하지 않지만, 당사자들과 변호사는 제3자가 자신들의 사건에 대해 어떻게 생각하는지 객관적인 견해를 듣고 싶어 합니다.

첫 번째 개별 회의에서 조정자는 일반적으로 의견 표명을 보류하지만, 일방 당사자의 사건에 대한 강점과 상대방의 약점에 대한 논의는 주의 깊게 경청합니다. 조정자는 각 당사자의 법적 입장을 이해하기 위해 질문을 할 수 있습니다. 또한 조정자는 공동 회의에서 상대방이 진술한 내용이나 법적 주장에 대한 의견을 요청할 수도 있습니다. 이 단계에서 조정자가 일방 당사자의 입장을 지지하거나 반대하는 것으로 보이거나 특정 법적 입장에 대해 찬반을 논의하지 않도록 주의하는 것이 매우 중요합니다. 조정의 이 부분은 철저히 정보 수집의 목적만을 위해서만 사용됩니다.

어느 시점에서는 조정자가 "당신의 관심사는 무엇입니까?" "이 분쟁을 해결하는 방법에 대한 귀하의 생각과 아이디어는 무엇입니까?"와 같은 질문을 할 수도 있습니다.

조정자는 회의가 끝나기 전에 논의된 주제를 검토하며, "우리가 논의한 모든 것 중에서 현재 상대방에게 비밀로 유지하기를 원하는 정보는 무엇입니까?"라고 질문합니다. 이는 당사자가 어떤 정보가 진짜 기밀인지 신중하게 판단하도록 하는 역할을 합니다. 또한 조정자가 어떤 정보가 진짜 기밀인지 식별해야 하는 부담을 감소시킵니다.

질문을 "당사자가 상대방과 공유하고 싶은 정보는 무엇입니까?"로 바꿀 경우, 당사자는 자신이 전달하고 싶은 메시지를 다시 한번 고민해 보게 됩니다.

어느 쪽이든, 조정자는 비밀 유지 계약 서명이 의미가 있고 당사자가 비밀을 유지하려고 의도한 정보를 부주의하게 공개하지 않도록 해야 합니다.

첫 번째 개별 회의에서 조정자의 목표는 다음과 같습니다.
- 당사자들의 이야기를 적극적으로 경청합니다.
- 새로운 정보를 수집합니다.
- 변호사와 당사자가 자신들의 법적 입장, 즉 당사자 입장의 장점과 상대방 입장의 약점에 관해 논의할 때 경청하고 파악합니다.
- 필요하거나 유용한 경우 당사자가 감정을 표출하고 원칙적인 비즈니스 입장을 표현하게 합니다.

일반적으로 조정자는 당사자와 가졌던 첫 번째 개별 회의에 대해 간략히 설명을 제공하고, 회의에서 논의되었던 내용에 대해 구체적인 질문이 있을 경우 회피합니다.

개별 별도 회의가 끝날 무렵, 조정자는 다음과 같은 동일 질문을 하게 됩니다.
- 다른 당사자와 공유하고 싶지 않은 정보가 있다면 무엇입니까?
- 귀하의 목표는 무엇입니까?
- 이번 조정을 통해 무엇을 달성하려고 합니까?

- 이 분쟁의 좋은 해결 방법은 무엇이라고 생각합니까?

4. 해결책 준비 및 제안(Developing Options)

이해관계 기반 조정에서는 첫 번째 공동 회의 및 각 당사자와의 첫 번째 개별 회의 이후, 분쟁에 대한 가능한 해결책에 대해 옵션을 개발하기 시작할 수 있습니다. 이러한 과정 없이 조정을 진행하면, 당사자들의 사고가 경직되어 사고의 폭이 좁고 열린 태도를 가지기 어려울 수 있습니다. 종종 당사자들은 자신이 원하는 것에 대한 고정된 생각을 가지고 조정을 시작하며, 새로운 해결책을 고려하는 데 소극적일 수 있습니다.

조정자는 일련의 개방형 질문을 통해 당사자들이 가능한 모든 해결책을 탐색하고 보다 창의적인 접근 방식을 모색하도록 도울 수 있습니다. 조정자가 해결책에 대한 당사자들의 생각을 유도하기 위한 일련의 짧고 간단하게 자주 활용하는 질문의 예시는 다음과 같습니다.

- 무엇을 원하십니까?
- 그 이유는 무엇입니까?
- 추가로 원하는 사항이 있습니까?
- 상대방이 분쟁을 해결하기 위해 무엇이 필요하다고 생각하십니까?
- 당신이 원하는 것과 상대방이 원하는 것을 동시에 만족시킬 방법을 생각해 볼 수 있을까요?

아이디어가 충분히 개발되기도 전에 이의를 제기하는 경향이 흔히 나타납니다. 따라서 조정자는 특정 아이디어를 비판하기 전에 모든 아이디어를 나열하도록 유도할 수 있습니다. 또한, 조정자가 당사자들이 비판하지 않고 옵션을 생성할 수 있도록 조정 절차를 조율한다면, 이전에 고려되지 않았던 유용한 아이디어와 접근 방식이 도출될 가능성이 커집니다.

개별 회의 모델(Caucus model)을 사용하는 대부분의 조정자는 일반적으로 개별 회의에서 해결 방안을 개발하지만, 경우에 따라 공동 회의를 통해 해결 방안을 도출하는 것이 효과적일 수도 있습니다. 공개적으로 해결 방안을 모색하는 회의가 끝난 후 조정자는 당사자에게 별도로 만나는 기회를 제공하여 각 해결 방안의 발굴 및 실행 가능성을 평가하고, 그들의 이익에 가장 부합하는 접근 방식을 검토할 수 있는 기회를 계속 제공해야 합니다.

여러 가지 해결 방안을 개발한 후에는 관심도와 중요도가 높은 해결책으로 범위를 좁혀 가는 과정을 시작하는 것이 필요합니다. 또 다른 범위를 좁히는 방법은 양측이 모두 수용할 가능성이 가장 높은 해결책에 초점을 맞추는 것입니다. 이 두 가지 기준은 서로 독립적인 변수이므로 높은 가치를 가진 해결책이라도 초기에는 양측이 수용할 가능성이 낮을 수 있다는 점입니다. 경우에 따라 조정자는 이러한 논의의 일부 또는 전 과정에 참여할 수도 있으며, 어떤 경우에는 일방 당사자에게 해결책의 평가를 요청한 후, 다른 당사자 측과 동일한 해결책 생성 협의를 진행할 수도 있습니다.

각 당사자가 여러 가지 요소나 합의 조건을 준비 및 정리한 후, 그중에서 가장 중요한 내용을 고려하게 합니다. 이후 조정자는 각 당사자가 하나 이상의 합의 제안을 준비할 수 있도록 지원합니다. 일부 조정자는 분쟁의 모든 측면을 포괄하는 완전한 합의 제안을 준비하도록 권장하는 반면, 또 다른 조정자는 두 개 이상의 해결책을 개발하여 제시하도록 유도하기도 합니다.

이러한 접근 방식은 각 당사자가 최우선순위와 선호도를 결정하는 데 도움이 됩니다. 또한, 상대방에게 두 가지 이상의 제안을 제시하면, 상대방도 자신의 우선순위와 선호도를 평가하며 협상을 위한 다양한 대안을 마련할 수 있습니다.

두 번째 방법은 해결책을 작은 단위로 나누는 것입니다. 일부 경우에는 일련의 작은 단계나 요소를 통해 합의에 도달하면 협상의 추진력이 생기고, 당사자들이 더 큰 문제에 대해서도 보다 쉽게 합의할 수 있습니다.

세 번째 접근 방식은 가장 어려운 문제를 먼저 해결하는 것입니다. 핵심적인 쟁점을 먼저 해결할 수 있다면, 나머지 문제들은 상대적으로 부차적인 사안이 될 가능성이 큽니다.

5. 제안 전달(Conveying offers)

하나 이상의 해결책이 개발되면 이를 상대방에게 제시해야 합니다. 경우에 따라 조정자가 제안을 전달하기에 가장 적절한 사람일 수도 있습니다. 당사자들이 동의하면, 조정자는 먼저 제안하는 당사자와 함께 합의 제안을 검토하여, 조정자의 요약 제안 내용에 제안의 모든 요소가 포함되어 있는지, 당사자가 승인한 내용을 전달하는 것인지 확인합니다. 그런 다음 조정자는 제안 내용을 상대방에게 제공합니다.

의사소통이 장애물이 되는 경우, 합동 회의를 통해 한 당사자가 상대방에게 직접 합의 제안을 전달하도록 하는 것이 효과적일 수 있습니다. 이 과정이 완료되면, 제안을 받은 당사자가 변호사 또는 조정자와 같이 독자적으로 논의할 수 있도록 별도의 개별 회의를 다시 진행하는 것이 유용할 수 있습니다.

경우에 따라 각 당사자는 먼저 제안하면 자신이 약해 보이거나 합의를 지나치게 의식하는 것처럼 보일 수 있다는 우려를 가질 수 있습니다. 또한, 다른 경우에는 한쪽 당사자가 마지막으로 조정 전 합의안을 제시한 사실을 기억하고, 상대방의 응답이나 새로운 제안이 있기 전까지 추가적인 제안을 거부할 수도 있습니다.

이러한 공통적인 문제를 해결하는 한 가지 방법은 양측이 동시에 제안을 준비하도록 하는 것입니다. 조정자는 각 당사자에게 제안을 제시하도록 하고 각 당사자가 동의할 때까지 제시된 제안이 상대방에게 전달되지 않을 것이라는 확약을 합니다.

이 접근 방식인 '동시 먼저 제안(Simultaneous first offers)'은 누가 먼저 제안할 것인가에 대한 갈등을 해소합니다. 또한, 양측이 향후 협상의 틀을 함께 만들어 간다는 느낌을 가질 수 있도록 합니다.

 이 두 제안과 하나 이상의 조건 사이에 예상되는 차이와 격차는 앞으로의 추가 진행을 위한 명확한 논의 대상이 될 것이며, 그들의 차이가 얼마나 큰지를 보여 주는 근거가 될 것입니다.

 제안이 당사자에 의해 전달되었든, 조정자에 의해 전달되었든, 제안을 받은 각 당사자는 제안을 숙고하고 평가할 시간이 필요합니다. 일부 경우에는 조정자가 당사자와 함께하여 그들의 숙고를 돕기도 합니다.

- 이 제안 중 어떤 부분이 귀하의 요구 사항을 가장 잘 충족합니까?
- 이 제안 중 수용할 수 있는 요소가 있습니까?
- 귀하는 어떻게 답변하시겠습니까?

 이러한 개방형 질문들은 논의를 진전시킬 수 있습니다.

 조정자는 제안에 대해 질문을 받을 수도 있고, 제안이 의미하는 바에 대해 설명을 요청받을 수도 있으며, 불확실한 누락된 조건들을 탐색하는 역할을 맡을 수도 있습니다.

 조정자는 조정 과정에서 항상 기밀성을 존중해야 하지만, 제안을 설명하는 데 도움을 주고, 명확한 정보를 수집하며, 가능한 합의 범위에 대해 조언하는 데 도움을 줄 수 있습니다.

 일방이 제안하면 상대는 수정된 대체안 또는 반대 제안을 합니다. 제안이 거부되면, 협상 과정에서 제안을 받은 당사자가 다른 반대 제안을 할 것으로 예상됩니다.

첫 번째 제안이 있을 경우 동시에 대체 제안 또는 반대 제안이 있을 수도 있다는 점에 유의해야 합니다. 연속된 협상 라운드에서 동일한 방법이 진행되거나, 한 번 이상의 라운드 이후 협상이 중단될 수도 있습니다.

제안을 전달하는 주체가 당사자인지 조정자인지 관계없이, 조정자는 당사자들의 제안 및 대체안 또는 반대 제안을 신중하게 기록 검토하여 양 당사자가 양보한 내용을 파악하고, 양 당사자가 이견을 보이는 내용과 그 원인을 파악하는 것이 매우 중요합니다. 논의되는 유일한 주제가 금액과 지급 시기 및 방법 문제인 경우 이 문제는 간단해 보일 수 있습니다. 순수한 금액의 경우에도 일반적으로 고려해야 할 요소는 많습니다. 합의안의 조정 규모는 절대적인 금액, 이전 제안 대비 비율, 또는 당사자 간 격차에 대한 비율 등 다양한 방식으로 표현할 수 있습니다.

일방의 제안 및 상대방의 수정 제안 과정은 오랫동안 지속될 수 있습니다. 조정자의 임무는 조정 절차가 유익하고 상호 만족스러운 결론을 향해 나아가는 것으로 보이는 한, 당사자들과 계속 협력, 노력하는 것입니다. 그러나 어떤 경우에는 협상 과정이 일시적으로 끝난 것처럼 보일 수도 있습니다. 양 당사자들은 "아니요, 우리는 다시 응하지 않을 것입니다" 또는 "다른 제안을 하지 않을 것입니다"라고 말할 수도 있습니다. 이러한 경우 조정자는 난국이나 명백한 교착 상태처럼 보이는 상황을 처리하기 위해 자신의 기법을 사용해야 합니다.

6. 교착 상태 대응하기(Dealing with Impasse)

조정자가 해결 방안을 개발하는 단계에서 합의 제안을 교환하는 단계로 넘어가는 어느 시점에, 당사자들 협상이 진전을 보지 않는 듯한 상황이 발생할 수 있습니다. 양 당사자가 하나 이상의 제안을 했지만 상대 당사자가 상대방의 제안을 거부한 상태입니다. 경험이 풍부한 조정자는 이 순간을 겉보기에 교착 상태에 도달한 시점이지만, 반드시 돌이킬 수 없는 교착 상태는 아니라고 인식합니다. 당사자들은 더 이상 진행이 불가능하며, 상대방이 입장을 바꾸지 않는 한 더 이상의 진전이 불가능하다고 느낄 수 있고 심지어 그렇게 말할 수도 있습니다. 이 시점에 조정자는 가장 많은 노력을 기울여야 합니다. 조정자는 당사자의 의사와 관계없이 합의를 강요하거나 당사자에게 조정 절차를 계속 진행하도록 강요하지는 않습니다. 그러나 조정자는 이러한 명백한 교착 상태에 당사자가 대처할 수 있도록 지원함으로써 이 상황이 해결되고 조정 절차가 계속 진행될 수 있도록 돕습니다.

조정자들은 명백한 교착 상태에 대처하기 위해 몇 가지 도구를 개발했습니다. 조정 과정에 서로 다른 요구 사항이 나타나므로 조정자는 명백한 교착 상태를 타개할 가능성이 가장 높은 도구를 선택할 것입니다. 일반적으로 가장 적은 개입을 하고 당사자의 자율성을 보장하며 조정을 조기에 종료할 가능성이 없는 도구가 가장 효과적입니다. 아래 도구는 모든 조정자가 교착 상태를 타개하기 위해 사용하거나 고려할 수 있는 도구 상자(Toolbox)에 들어 있는 기술입니다. 조정자는 자신감을 가지고 낙관적인 태도를 유지해야 합니다. '대부분의 분쟁은 해결됩니다. 이 분쟁도 해결될 것입니다.' 조정자는 이러한 기법을 사용하여 교착 상태를 파악하여 교착 상태를 타개하고 해결에 이르는 과정에 도움을 줍니다.

가. 교착 상태가 발생된 이유 분석하기(Analyze why there is an apparent impasse)

성실한 조정자는 자신이 분석을 수행할 것이며, 실제로 발생한 일과 당사자가 명백한 교착 상태에 도달한 이유를 조용히 되돌아보기 위해 양 당사자로부터 잠시 떨어져 휴식을 가지면서 대안을 준비할 것입니다. 그런 다음 조정자는 각 당사자를 개별적으로 만나 협상이 교착 상태에 빠진 이유를 함께 생각하도록 요청하여야 합니다. 필연적으로 이러한 질문은 상대방의 잘못에 대해 비판적인 언급을 불러일으킵니다. 상대방을 비난하는 것은 일시적으로 기분이 좋지만 당사자 본인이 어떤 양보 또는 변화를 할 수 있는지 판단하는 것이 진전을 위한 유일한 희망입니다. 조정자의 책임은 각 당사자가 상대를 비난하고 책임을 전가하는 상황을 넘어 무엇이 잘못되었는지 판단하는 데 있어 각 당사자의 적극적인 협조를 확보하는 것입니다. 유능한 조정자는 각 당사자들과 함께 다음 중 어떤 요인이 진행을 복잡하게 만들고 교착 상태를 초래했는지 검토하고 분석하도록 이끌 것입니다.

① 협상 전술(Negotiating tactics)
② 필요한 정보의 부족(Lack of necessary information)
③ 합의 권한의 부족(Lack of settlement authority)
④ 대화의 결렬 또는 의사소통의 단절(Breakdown in communications)
⑤ 체면을 고려해야 또는 지켜야 할 필요성(Need to save face)
⑥ 참석하지 않은 당사자들로부터 비판에 대한 우려(Concern about criticism from parties not present)
⑦ 청구 금액에 대한 비현실적인 기대(Unrealistic expectations of settlement value of claim)
⑧ 감정이 이성을 압도하는 상황(Emotions overcoming reason)
⑨ 자신의 협상 전략, 전술에 갇힌 당사자(Party trapped by its own negotiation tactics)
⑩ 처리하고 반영하는 데 더 많은 시간이 필요한 상황(Need more time to process and reflect)
⑪ 재판하는 대안이 더 좋은 결과가 될 것이라는 진지한 믿음(A genuine belief that an alternative like going to trial would be a better outcome)
⑫ 해당 사안이 진정으로 비즈니스 또는 도덕적 원칙에 관한 문제라고 믿는 상황(A belief that the matter is truly one of business or moral principle)

당사자들의 평가와 조정자 자신의 평가에 따라 조정자는 아래 기법 중 하나 이상의 사용을 고려할 수 있습니다. 당사자들과 협력하여 또는 개별적으로 진행되는 이러한 분석 과정은 일정 수준의 거리 두기와 객관성을 형성하는 데 기여하며, 이는 협상의 돌파구를 마련하는 데 도움이 될 수 있습니다.

나. 당사자의 관점 수정하기(Try to modify the perspectives of the parties)

조정자는 협상이 명백한 교착 상태에 도달했다는 사실을 알리고 위에서 열거된 요인을 검토한 후, 별도의 회의에서 협상을 다시 진행할 수 있는 방법에 대해 당사자들에게 제안할 것을 요청할 수 있습니다. 이는 특히 합의가 이루어지지 않은 경우 당사자들에게 이 분쟁은 당사자들의 분쟁이며 그 결과에 대한 책임은 당사자들에게 있음을 상기시키는 데 유용한 기회가 될 수 있습니다. 조정자는 당사자들에게 조정 절차를 계속 진행할지, 다른 날짜로 연기할지, 조정 절차를 종료할지 의사를 물어볼 수 있습니다.

조정자가 협상이 교착 상태로 보이는 것을 처음 인식한 경우라면 당사자 중 한쪽 또는 양쪽 모두 교착 상태의 해결을 위한 아이디어를 가지고 있을 가능성이 높습니다. 특히 조정자와 함께 협상 진행이 무엇이 잘못되었는지 객관적으로 분석한 후라면 더욱 그렇습니다. 비록 작은 제안이라 할지라도 조정자가 상대방에게 보다 합리적인 태도를 보이도록 요청하는 것과 같은 방안이 고려될 수 있습니다.

조정자는 현실을 대변하는 역할을 할 수 있으며 당사자가 보다 더 넓은 시각을 가지거나 보다 더 효과적으로 이용 가능한 정보를 검토 평가하기 위해 당사자의 관점을 수정 보완하도록 도울 수 있습니다. 때로는 조정 과정에 일어난 일에 대한 조정자의 검토 의견이 유용할 수 있습니다. 조정자는 양측이 합의한 사항, 양보한 내용, 분쟁 해결에 대한 공동의 관심 표현, 공통 합의점을 지적할 수 있습니다.

이 검토 과정에서 조정자는 최선의 대안과 최악의 대안 모두를 고려하여 합의를 위한 대안을 다시 검토할 수 있습니다. 그런 다음 조정자는 해당 검토 내용을 토대로 각 당사자에게 입장을 수정할 이유가 있는지, 입장을 변경할 여유가 있는지 개별적으로 직접 질문할 수 있습니다. 조정자는 기대가치 또는 위험 분석의 개념을 도입할 수 있으며, 만약 당사자들이 이전에 위험 분석을 진행하지 않았다면, 조정자는 각 당사자가 위험 분석을 수행하도록 도울 수 있습니다. 이미 분석이 완료되었다면, 조정자는 당사자들에게 그 분석을 다시 검토할 것을 요청할 수 있습니다. 이러한 검토 과정에서 조정자는 당사자들에게 조정 과정을 통해 얻은 새로운 정보를 바탕으로 이전에 설정된 가정이 계속적으로 정확한지 다시 점검할 수 있도록 요청할 수 있습니다. 이 경우, 위험 분석이 조정되어 협상이 다시 시작될 수도 있습니다.

실제적인 대리인으로서, 조정자는 현재 제안을 비슷한 사건에서의 이전 합의 사례와 비교할 수 있습니다. 또한, 조정자는 합의 제안 내용을 유사한 사건의 판결 또는 배심원단의 평결과 비교할 수 있습니다. 이러한 비교는 조정자가 자신의 경험을 바탕으로 준비할 수도 있고 당사자들을 대리하는 변호사에게 이 정보를 요청할 수 있습니다. 조정자는 기밀 정보를 공개하지 않고 당사자의 의사결정에 부당하게 영향을 미치지 않도록 주의하면서 자신의 일반적인 경험을 활용할 수 있습니다. 그 목표는 명백한 교착 상태에 있을 경우 해결을 위한 태도를 다시 한번 돌아보며 수정할 기회를 당사자와 그들의 변호인에게 제공하는 것입니다.

다. 교착 상태 빠진 협상을 다시 시작하기(Try to start stalled negotiations)

조정자는 새로운 주제를 중심으로 논의를 유도할 수 있습니다. 만약 당사자들이 큰 쟁점에 집중하고 있다면, 상대적으로 진전이 가능한 작은 문제에서 조정 절차를 다시 시작하는 것이 협상 과정을 다시 활성화하는 한 가지 방법이 될 수 있습니다.

만약 협상이 금전적인 문제에서만 교착 상태에 빠진 경우, 조정자는 당사자들이 합의 가능성이 있는 범위 내에서 협상을 진행하도록 제안할 수 있습니다. 또한, 조건부 제안을 활용하는 방법도 있습니다. 예를 들어, 조정자는 "만약 상대방이 Y로 움직인다면, 귀하는 X로 움직일 의향이 있으십니까?"와 같은 방식으로 협상을 유도할 수 있습니다.

조정자는 가상의 시나리오를 제시하며 질문할 수도 있습니다. 예를 들어, "상대방이 어떤 종류의 움직임을 보이면 귀하도 이에 대응하여 양보할 수 있겠습니까?"와 같은 질문을 던질 수 있습니다. 또한, 기존 제안을 재구성하는 방법도 고려할 수 있습니다. 금전적인 요소가 포함된 경우, 지급 기한을 연장하면서 제안 금액을 증가시키거나, 장기 분할 지급 방식에서 일시불 지급 시 할인 혜택을 제공하는 등의 방안을 논의할 수 있습니다. 추가적으로 조정자는 "스토어 통화(Store currency, 지정된 Store에서 지속 구매하는 경우 할인되는 방식)" 개념을 도입하여, 제안한 금액을 향후 특정 상품이나 서비스 구매에만 사용할 수 있도록 하는 방안을 제시할 수도 있습니다.

조정자는 비공개 청취자(Confidential listener)의 역할을 맡을 수도 있습니다. 때때로 당사자들은 추가적인 양보안을 제시했을 때 그것이 공식적인 제안으로 간주될 것을 우려하여 말을 아끼는 경우가 있습니다. 이럴 때 조정자는 비공개 청취자로서 상대방의 동의 없이는 어떠한 정보도 공유되지 않을 것임을 명확히 밝히고, 다시 한번 강조하며, 가상의 합의 시나리오를 논의할 수 있도록 합니다. 이러한 비공개 논의를 통해 당사자들이 새로운 해결 방안을 모색할 수 있는 분위기가 조성될 수 있습니다.

라. 협상 당사자의 역할 재조정(Rearrange the players)

비공개 개별 회의에서 조정자는 당사자가 입장을 변경하여 상대 당사자의 역할을 맡아 상대방의 입장에서 상황을 바라보도록 제안할 수 있습니다.

"만약 당신이 상대방이라면 어떤 생각을 하시겠습니까?"

"그들이 이러한 제안을 한 이유는 무엇일까요?"

"그들이 진정으로 원하는 것은 무엇일까요?"

때로 당사자에게 다른 공간에서 다른 모자를 쓰고 논란에 대해 생각하도록 제안하는 것은, 당사자가 새로운 시각에서 분쟁을 바라보도록 유도하고 상대방의 입장에서 직접 생각하고 경험하게 함으로써, 관점을 바꾸거나 상대방의 사고와 협상 전략에 대한 숨겨진 의도들을 파악하는 데 도움이 될 수 있습니다. 특히, 당사자 간에 과거에 사업적 또는 개인적 관계가 있었던 경우, 상대방에 대해 누구보다도 잘 알고 있을 가능성이 높습니다. 더 나아가, 당사자는 본인이 알고 있다고 생각하는 것보다 훨씬 더 많은 정보를 가졌을 수도 있습니다.

조정자는 당사자의 협상팀이 구성되어 있을 경우, 일시적으로 팀을 분리하여 개별 면담을 진행하는 방법을 고려할 수도 있습니다. 예를 들어, 당사자와 법률 대리인을 분리하여 각각 면담하거나, 반대로 조정자가 법률 대리인만 따로 만나 보는 것도 하나의 방법이 될 수 있습니다. 또한 조정자는 새로운 사람, 협상팀의 일원이 아니더라도 실질적으로 영향을 미치는 사람을 조정 절차에 참여시킬 것을 제안할 수 있습니다.

예로, 가족 사업인 경우 협상에 직접 참여하지 않지만 현재 협상에 영향을 주는 형이나 부모의 의견이 현재 협상 과정에 영향을 미치고 있을 수 있습니다. 협상에 참석하지 않은 사람들은 전화 통화, 참여 요청, 조정 회의 일정 변경을 통해 협상 과정에 참석할 수 있습니다. 때로는 조정자가 이러한 가능성을 제안하는 것만으로도 교착된 협상을 재개하는 데 도움이 될 수 있습니다.

마. 체면 살리기(Saving face)

당사자는 자신의 협상 전술에 갇힐 수 있습니다. 즉 협상 당사자는 스스로의 협상 전략에 의해 곤경에 처할 수 있습니다. 당사자가 인위적인 최저 수용점을 설정했을 수도 있습니다. "이 제안이 나의 최종 입장입니다. 더 이상 양보할 수 없습니다." 남은 차이가 사소한 금액일지라도, 당사자는 상대방, 조정자, 심지어 스스로에게 했던 기존 발언으로 인해 입장을 고수해야 한다고 느낄 수 있습니다. 이때 조정자는 새로운 정보를 제시함으로써 당사자가 기존 입장을 번복하더라도 일관성을 잃지 않는 방식으로 체면을 유지할 수 있도록 도울 수 있습니다.

때로는 당사자가 특정 입장에 대한 성급한 약속으로 인해 합리적인 근거가 없더라도 해당 약속을 일관성 있게 고수하려는 심리를 유발하기도 합니다.

사과(Apology)하는 것이 합의 논의에 포함되지 않은 경우, 조정자가 이 주제를 제기할 수 있습니다. 사과가 도움이 될까요? 사과만큼 효과적인 조치를 취할 수 있는 방법은 무엇이 있을까요? "사과 이외에 어떤 조치를 추가로 취할 수 있을까요?" "상호 같이 사과를 하는 자리를 만들 수 있을까요?" 현명한 당사자의 변호사는 초기 갈등의 원인을 이해하는 것만큼이나 해결책에 대한 가능한 경로가 불명확할 수 있다는 점을 이해하고 이러한 제안을 지지할 수 있습니다.

조정자는 당사자들에게 자선 단체에 기부를 고려할 것을 제안할 수 있습니다. 때로는 협상 과정이 의지력의 대결이 되어, 금전적인 차이는 단지 점수를 매기는 수단에 불과할 수도 있습니다. 당사자들이 대립하는 금액이 상대적으로 미미한 경우, 그 차액을 자선 단체에 기부하자는 제안이 해결책이 될 수 있습니다. 한쪽 당사자는 더 많은 금액을 지불할 여력이 있지만, 제시된 금액보다 더 많은 금액을 지불함으로써 체면을 잃는 것을 원치 않을 수 있습니다.

반면, 다른 당사자는 추가적인 금액이 꼭 필요하지도 않고 원하지도 않지만, 상대방이 자신의 잘못을 속죄할 만큼 충분하게 보상하지 않았다고 느낄 수도 있습니다. 이러한 상황에서 자선 단체에 추가 금액을 기부하는 방식은 교착 상태를 타개하는 데 도움이 될 수 있습니다.

비금전적 해결책이 많이 있을 수 있습니다. 어떤 경우에는 당사자가 사적인 분쟁을 통해 더 큰 공공의 목적을 달성하고 있다고 느낄 수 있습니다. "나는 나에게 일어난 일이 다른 사람에게 일어나지 않기를 원합니다." "나에게 더 많은 돈을 지급하면 그들의 미래 나쁜 행동을 막을 수 있을 것입니다."

불만 사항에 대한 재발을 방지하기 위해 내부 개선을 위한 노력, 예를 들어 직원 교육 프로그램을 통해 문제 된 행위가 재발하지 않도록 하는 것은 도움이 될 수 있습니다. 또한 교육 프로그램이나 대중 인식 제고 프로그램도 고려할 수 있는 유용한 주제일 수 있습니다. 어떤 경우에는 조정자가 주제를 제기하는 것만으로도 협상을 재개하기에 충분할 수도 있습니다. 또는 조정자가 이러한 새로운 주제를 통해 해결책 마련의 단초를 제공하여 새로운 구체적인 합의안이 도출될 가능성을 높일 수도 있습니다.

바. 평가 기법(Evaluative techniques)

조정자는 평가를 수행합니다. 순수한 촉진적 조정자(Facilitative mediator)라 하더라도 당사자의 입장이나 사고 과정에 이의를 제기하는 질문을 할 수 있습니다. 일반적으로 대부분의 조정자는 평가 요소가 필요하게 되고 요청될 때까지 조정 절차에서 평가 요소를 유보하려고 합니다. 당사자들이 명백한 교착 상태에 빠진 경우 조정자는 평가 기법을 사용하여 당사자들이 해결책을 모색할 수 있도록 도와야 할 때라고 생각할 수 있습니다.

첫 번째 기법은 더 많은 질문을 하는 것입니다. 가장 간단하면서도 어려운 질문은 "왜?"입니다. 당사자의 합의 요구와 관련하여 "왜요?" "왜 그렇게 원하십니까?" "왜 그것이 귀하께 중요한가요?" "그 금액(제안하거나 요구하는)이 적절한 금액이라고 생각하는 이유는 무엇인가요?"와 같은 질문을 할 수 있습니다.

이러한 질문들은 당사자의 근본적인 이해관계에 초점을 맞추도록 유도합니다.

조정자가 사려 깊고 진지하게 "왜"라는 질문을 하면 당사자는 자신의 입장을 다시 한번 깊이 고민해 보고 생각이 반영될 수 있습니다. 조정을 진행하는 도중에 답변을 해야 하는 경우, 초반에 답변할 때보다 더 숙고된 깊은 답변이 나올 가능성이 높아집니다. 당사자의 마음속에 의심이 생겼을 수도 있습니다. 최소한 교착 상태에 빠진 상황에서의 "왜"라는 질문은 항상 다음과 같은 암시적인 의심이 내포되어 있습니다.

"현재 고려 중인 합의안과 비교했을 때 더 많은 것을 원하거나 다른 방안을 필요로 하는 이유는 무엇인가요?"

두 번째 형태의 평가적 질문은 협상된 합의에 대한 각 당사자의 최상의 대안(BATNA, Best Alternative to a Negotiated Agreement)에 초점을 맞추는 것입니다.

대부분의 경우, BATNA는 향후 법적 절차, 재판 또는 중재에서 승리하는 결과의 내용입니다. "왜"라는 개방형 질문도 이 맥락에서 효과적입니다. 당사자의 법적 입장에 관해서 "왜 그렇게 생각하십니까?" "왜 법원이 당신에게 유리한 판결을 내릴 것이라고 생각하십니까?"라고 질문할 수 있습니다. 만약 당사자가 변호사를 통해 대리되고 있다면,

이러한 질문은 보통 변호사를 대상으로 합니다. 조정자는 법적 청구 및 방어 논리에 대해 더 많은 질문을 할 수 있습니다. 이는 청구에 누락되거나 취약한 요소, 상대방이 제기한 방어 논리 또는 반소, 그리고 증인의 신뢰성 문제 등에 대해 고려할 수 있는 추가 질문일 수 있습니다. 만약 조정자가 조정 절차 초기에 중립적이고 비판적이지 않은 태도를 유지했다면, 이 시점에서 제기되는 까다로운 질문에 대해 변호사와 당사자 모두 진지하게 고려하고, 대답할 가능성이 높습니다.

경험이 풍부한 변호사들은 조정자와 협력하여 이러한 질문들에 대한 답을 찾으려고 모색할 것이며, 당사자가 이 논의에 적극적으로 참여하도록 유도할 것입니다.

또한 변호사들은 대개 조정자가 상대방과의 비공개 개별 회의에서 동일하거나 유사한 질문을 한다는 사실을 알고 있습니다.

당사자들은 패배보다는 승리에 집중하기를 원하기 때문에, 조정자가 질문할 수 있는 두 번째 질문은 승리에 드는 높은 비용에 초점을 맞출 수 있습니다. 당사자들은 법적 비용에만 집중하는 경우가 많으며, 법적 절차에 참여하고 재판을 준비하는 데 소요되는 개인적인 시간 투입에 대해서는 생각하지 않는 경우가 많습니다.

기업체의 경우 이러한 비용이 매우 중요하고 매우 클 수 있습니다. 법적 관련된 주제에는 소송의 고려, 그에 따른 지연과 비용, 판결 집행의 어려움과 추심 가능성 등이 포함될 수 있습니다. 경우에 따라, 특히 인간관계가 얽혀 있는 경우, 승리로 인한 높은 대가로 소중한 비즈니스 관계나 개인적인 우정을 영구적으로 잃는 결과를 초래할 수 있습니다. 직업적 및 개인적 명성은 우리가 취하는 모든 행동에 의해 형성되므로 조정자는 재판에서 승리하는 것이 당사자의 평판, 명성을 향상시킬 수 있는지 물어볼 필요성이 있습니다. 이 질문을 던지는 것은 최소한 당사자가 성찰할 기회를 제공하는 것이며, 무엇을 달성하려고 하는지, 진정한 관심이 무엇인지에 대해 되돌아볼 수 있게 합니다. 이러한 질문에 대한 답은 시간이 지남에 따라 발전할 수 있습니다.

답은 조정 전의 어느 시점, 또는 당사자의 요구 사항 중 일부만 충족하더라도 분쟁을 해결하는 구체적 합의안에 직면하기 전과 다를 수 있습니다. "계속 싸우는 것"의 가치는 무엇인가요? "결정적인 결말"의 가치는 무엇인가요? 이러한 질문은 당사자들이 자신의 현재 상황을 어떻게 평가하고 있는지에 대한 중요한 통찰을 제공할 수 있습니다.

물론, 조정자가 당사자에게 협상된 합의에 대한 최악의 대안(WATNA, Worst Alternative To a Negotiated Agreement)에 집중할 수 있도록 도움 되는 질문을 하는 것도 공정하고 적절합니다. 비용, 개인적인 시간, 해결 지연, 평판 및 명성에 미치는 영향 등의 요소는 BATNA를 고려할 때와 동일하게 고려될 것입니다. 여기에 한 가지 요소가 더 추가됩니다. 바로 현재 합의 제안의 가치를 잃는 것입니다.

명백한 교착 상태에 빠진 시점에서 고려 중인 합의 제안이 구체적이고 명확할수록 당사자는 실제적인 무언가 가치 있는 것을 잃을 가능성에 더 집중할 수 있습니다. 당사자가 "아니요"라고 말하거나 반대 제안을 할 때까지 당사자는 현재 합의 제안을 소유합니다. 경우에 따라서는 당사자가 손실의 즉시성을 집중적으로 인식하도록 돕는 것이 BATNA와 WATNA를 평가하는 데 유용할 수 있습니다.

위험 분석 또는 의사 결정 계도 분석(Decision tree analysis)은 당사자가 자신의 최선의 대안(BATNA)과 최악의 대안(WATNA)에 대해 숙고하도록 요구하는 과정입니다. 즉 당사자들은 재판에서 승소할 가능성에 따라 합의 요구 사항과 제안 내용을 검토하는 것입니다.

여기서 핵심 질문(Framing question)은 확률과 관련된 것으로, 재판에서 승리할 확률은 얼마나 되는가입니다. 이 질문은 책임에 대한 승소 가능성과 특정 금액의 금전적 판결을 받을 가능성으로 한두 가지 독립적인 변수로 나눠질 수 있습니다. 이러한 핵심 질문에 대한 입력값과, 유리한 판결을 얻기 위한 예상 비용은 보통 당사자나 그들의 변호사가 제공합니다. 이 분석의 목적은 미래의 불확실한 회수액을 현재 가치로 환산하는 것이며, 이는 위험과 비용을 고려하여 조정된 값입니다. 사건이나 청구의 권장 합의 금액은 바로 이와 같이 산출된 현재 가치가 됩니다. 경우에 따라 위험 분석은 유용한 도구로 사용되며, 당사자들이 위험을 회피하는 것의 가치를 수치화할 수 있도록 도와줄 수 있습니다.

사. 조정자의 제안(Mediator's Proposal)

당사자들의 요청이 있을 경우, 필요하다고 판단하는 일부 조정자는 보다 직접적인 평가 기법을 사용하기도 합니다. 이는 다양한 청구 및 항변의 강점과 약점 또는 전체 사건에 대한 자신의 의견을 제시하거나, 최소한 특정 청구의 일부 측면에 대해 의문을 표명하는 형태로 나타납니다. 때로는 이러한 의견은 예측 형태로 표현되기도 합니다.

예를 들어, "이 사건에 대해 판사나 판사와 배심원이 어떻게 결정을 내릴지 제 생각은 이렇습니다"라고 표현할 수 있습니다. 물론, 경험이 풍부한 조정자는 자신의 의견을 표명할 때, 재판에서 드러나는 사실이 현재 알려진 사실과 다를 수 있음을 분명히 합니다. 예측은 본질적으로 어느 정도의 불확실성을 내포할 수밖에 없으며, 이는 단순히 추가적인 검토가 필요함을 시사하는 의구심의 형태로 표현될 수 있습니다.

일부 조정자는 합의 제안을 논의하는 과정에서 평가적 의견을 표현하는 것이 더 편안하다고 느낍니다. 이 경우, 조정자는 당사자들보다 가능한 합의의 범위에 대해 더 많은 정보를 가지고 있을 수 있습니다. 따라서 특정 상황에서는 조정자가 가능한 합의 범위에 대해 꽤 확신을 가지고 예측할 수 있습니다. 경우에 따라 당사자들이 조정자에게 자신이 들은 내용과 전달한 내용을 종합하여 직접 합의 제안을 하도록 요청하기도 합니다. 이 방식은 조정자가 일단 합의 제안에 대한 의견을 피력하는 순간 중립성을 유지하기 어려워지는 높은 위험을 수반합니다. 일부 조정자는 결코 제안을 하지 않는 반면 어떤 조정자는 당사자들이 그러한 권고를 받아들일 준비가 되어 있다는 확신이 들 때 자신감을 가지고 제안을 하기도 합니다.

아. 다음 조정 회의 예약하기(Scheduling another mediation session)

위 내용에서 설명한 교착 상태 해결 기법 중 하나 이상을 사용한 후에도 당사자들은 여전히 명백한 교착 상태에 있을 수 있습니다. 또는 당사자들이 어느 정도 진전을 이루었지만 다시 한번 교착 상태에 빠질 수도 있습니다. 이럴 경우, 조정자는 당사자들에게 "이제 무엇을 해야 할까요?"라는 질문에 집중할 수 있도록 유도하는 것이 적절합니다. 조정자는 당사자들의 의사와 상관없이 조정 과정을 계속 진행하지 않습니다. 현재 시점에서 더 이상의 진전이 이루어지지 않거나 이루어질 수 없는 것처럼 보인다고 해서, 조정자가 조정 절차를 포기해서는 안 됩니다. 특히 조정 세션이 긴 시간에 걸쳐 하루 이상의 시간이 소요되었을 경우, 모든 당사자의 이익을 위해 조정을 다음 시간으로 미루는 것이 더 나을 수 있습니다.

종종 당사자들은 하루 동안의 진전을 되돌아보고 잠시 생각할 시간을 갖는 것이 더 나은 결정을 내리는 데 도움이 됩니다. 때때로 참가자들은 동료 또는 가족, 친구와 함께 전개된 상황을 논의할 기회를 원하기도 합니다. 어떤 경우에는 협상 과정이 교착 상태에 빠진 이유가 한쪽 또는 양쪽 당사자가 결정을 내리기 위해 필요한 중요한 정보가 부족한 경우일 수 있습니다. 비즈니스 맥락에서는 조정 시작 시 예상하지 못했던 많은 문제가 조정 진행 과정에서 발생되었을 수 있습니다. 새로운 사업 제안은 그야말로 검토할 시간이 필요하며 금전적인 합의 제안은 세금 관련 고려 사항이 있어 추가 분석이 필요할 수 있습니다.

실질적인 합의 논의를 중단하고 조정 절차에 대한 질문, 현재 어디까지 왔으며 앞으로 무엇을 해야 하는지에 집중하는 것은 당사자들과 조정자가 함께 해야 할 일입니다. 때로는 정회하기 전에 당사자들이 다시 모여 공동 세션을 진행하는 것이 좋을 수 있습니다. 만약 조정에서 당사자와 개별 회의 모델(Caucus model)을 사용했다면 당사자들이 마지막으로 서로를 보거나 대화를 나눈 후 많은 시간이 지났을 수 있습니다. 실질적인 협의 내용에서 조정 절차로 전환하는 것은 당사자들이 함께 만나서 향후 추가 세션에 대한 세부 사항을 고려하는 데 더 나은 환경을 제공할 수 있습니다.

일반적으로 이러한 휴회 논의를 시작할 때 현재 조정 세션의 경과나 진행 내용을 되짚어 봅니다. 조정자는 공유된 정보와 당사자 간의 차이를 해결하기 위한 진전 사항을 요약할 수 있습니다. 그 후, 조정자는 당사자들에게 교착 상태를 해결하기 위한 다음 단계나 방법 등에 대해 자유롭게 개방형 질문을 할 수 있습니다. "현재 우리는 어디에 있습니까?" "이제 어떻게 하시겠습니까?" "지금 우리는 무엇을 해야 합니까?" 또는 구체적인 옵션으로 당일에 계속해서 조정을 할 것인지, 다른 특정 날짜를 정하여 조정을 이어 갈 것인지, 또는 분쟁을 해결하기 위해 조정 대신 다른 대안을 고려할지를 제안할 수 있습니다.

조정자는 특정 장애물을 발견하여 조정을 다음 기회로 미루는 것이 효과적이며 유익하다고 판단할 수 있습니다. 어떤 경우에는 한 당사자가 조정자에게 상대방과 공유할 명시적인 정보, 상대방이 응답하거나 새로운 제안을 하는 데 시간이 더 필요한 이유를 제공했을 수 있습니다. 다른 경우에는 조정자가 그러한 해당 정보를 기밀로 보유할 수 있습니다.

상황에 따라 조정자는 구체적인 제안을 할 수 있습니다. 지금까지의 모든 상황을 고려할 때, 오늘 조정을 중단하고 [내일] 또는 [특정 날짜에] 다시 만나기로 합의하는 것이 좋습니다. 당사자들은 분명 조정 절차를 계속 진행하거나 종료할지에 대한 결정을 내릴 권한을 가지고 있습니다.

당사자들이 계약이나 법원의 명령에 의해 조정을 해야 하는 경우라도, 끝없이 조정할 필요는 없습니다. 대부분의 조정자는 당사자들의 권한을 존중하면서도, 당사자들이 조정 절차를 중단하는 것보다 조정 과정을 계속하는 것이 유익하다고 판단할 경우 그 의견을 표현하는 것을 주저하지 않습니다. 대부분의 당사자들은 이러한 조정 절차에 대한 조정자의 질문이나 의견을 환영합니다.

당사자들이 다음 회의로 조정을 계속하는 데 동의하는 경우 조정자는 발생한 장애물에 초점을 맞추고 당사자들에게 숙제(Homework)를 부여하여 논의를 계속할 수 있습니다.

이러한 숙제는 일반적으로 조정 세션 중에 나타난 과제가 될 수 있습니다. 일반적으로 조정자는 다음 조정 세션 전에 두 당사자가 모두 완수해야 할 의미 있는 과제가 있음을 확실히 합니다. 이를 통해 양 당사자가 조정 과정에 집중하고 참여할 수 있습니다.

자. 대체 분쟁 해결 프로세스 탐색(Explore alternative dispute resolution processes)

당사자들이 더 이상 조정을 진행하지 않겠다고 선언하고, 다른 조정 세션 일정을 잡지 않겠다고 밝혔을 때, 조정자의 역할은 끝났다고 할 수 있을까요? 대부분의 조정자는 "아니요"라고 답할 것입니다.

법정에서의 재판 외에도 당사자들의 이해에 부합하는 분쟁 해결 절차를 만들 수 있는 다양한 방법이 존재합니다. 조정자는 당사자들과의 논의를 지속하며 이러한 대체적인 해결 방법을 고려할 수 있도록 도울 수 있습니다.

때로는 양 당사자 모두가 분쟁을 재판하는 대신 중재(Arbitration)를 통해 해결하는 것이 더 나을 수 있습니다. 당사자들이 중재를 고려하지 않았을 수 있는데, 이유는 중재에 대한 사전 합의가 없었기 때문일 수 있습니다. 이럴 때 조정자는 당사자들이 중재를 선택할 수 있도록, 소송 절차를 종료하거나 일시적으로 중단하고 중재로 전환할 수 있는 방안을 제시합니다. 일부 조정자(Mediator)는 양 당사자의 동의를 얻어 조정이 끝난 후 중재자(Arbitrator)로서 분쟁을 처리하는 것에 동의할 수도 있습니다. 그러나 일부 조정자들은 중립자로서 처음 조정에 참여한 분쟁에 대해 중재자로 활동하는 것에 결코 동의하지 않는 경우도 있습니다.

당사자들은 중재 절차에서 자신들의 필요와 이해에 맞는 조건을 설정할 수 있는 여러 방법을 선택할 수 있습니다. 만약 조정이 이루어졌고 금전적인 문제에 대한 논의가 중요한 경우, 당사자들은 중재 판결의 범위에 제한을 둘 수도 있습니다. 하나의 방법은 제한된 중재(Bound arbitration) 또는 최고-최저 중재(High-low arbitration)입니다. 당사자들은 책임이 어떻게 결정될지에 대해 합의하거나 또는 책임에 대한 규정이 있을 경우, 중재자가 판결을 내릴 때의 금액만을 고려해야 한다고 알리는 것에 합의할 수 있습니다. 또 다른 방법은 중재자가 판결을 내릴 때, 그 판정이 합의에 의해 정해진 범위 내에 있어야 한다고 당사자들이 중재자에게 미리 알려 주는 것입니다. 또는 당사자들은 최종 조정 판정이 합의된 범위를 벗어나는 경우 적절하게 증액하거나 감액하는 데 동의할 수 있습니다.

또 다른 형태의 중재는 최종 중재(Final offer) 또는 야구 중재(Baseball arbitration)로 알려져 있는데, 이는 프로 야구 선수와 구단의 합의가 이루어지지 않을 때 프로야구 선수의 연봉을 결정하는 데 광범위하게 사용되어 왔기 때문입니다. 이러한 형태의 중재 방식에서는 양 당사자가 최종 제안을 테이블 위에 올려놓습니다. 그런 다음 중재자는 그 제안 중 중재자가 생각하는 가장 근접한 제안을 선택하여 채택해야 하며 중간 판정은 허용되지 않습니다. 이러한 중재 방식은 각 당사자가 상대방보다 더 합리적인 제안을 하려고 시도하므로 협상 과정에서 빈번하게 추가 양보를 이끌어 내는 경우가 많습니다. 때로는 최종 제안 중재라는 단순한 개념만으로도 다시 한번 합의 논의를 촉진시킬 수 있습니다. 경우에 따라 당사자들은 최종 제안을 기밀로 유지하고 중재자가 독립적으로 최종 금액에 대해 결정을 먼저 한 후에만 해당 정보를 공개하기로 합의할 수 있습니다. 이 형태에서는 중재자가 처음부터 끝까지 정보를 받지 않은 어둠 속에서 경기를 진행하기 때문에 야간 야구(Night baseball)라고 불립니다.

조정 과정에서 발생한 교착 상태는 교착 상태의 원인이 되는 핵심 질문이 부각될 수 있는데, 이는 판사가 아닌 중립적인 전문가가 해결하는 것이 더 적합할 수 있는 사실적(Factual) 또는 기술적(Technical) 분쟁일 수 있습니다. 따라서 양 당사자는 기술적 문제가 해결될 때까지 협상이나 조정을 계속하기로 합의할 수 있습니다. 핵심적인 쟁점은 미 해결 문제가 모두 해결되지 않고 향후 협상에 중요한 영향을 미치는 법적 문제가 포함될 수 있습니다. 일부 관할권에서는 당사자들이 해당 쟁점에 대한 사법적 판결을 받은 이후 조정 절차를 재개할 수도 있습니다. 당사자들이 기존 소송을 계속 진행하는 경우에도 조정 절차를 통해 적어도 일부 쟁점이나 문제는 해결되었을 수 있습니다.

이 경우 당사자들은 증거 조사 시간을 줄이고 법적 비용과 사법 자원(Judicial resources)을 절약하려고 남은 법적 분쟁의 초점을 좁혀 주는 부분 합의서나 계약을 체결하고자 할 수도 있습니다.

조정자는 당사자들이 조정 절차를 종료하는 것에 대해 명확히 합의하고, 남아 있는 문제들이 어떻게 해결될지에 대해 논의한 후에야 조정 절차를 마무리해야 합니다.

7. 종결 절차: 합의서 초안 작성(Reaching Closure: Drafting the Settlement Agreement)

조정을 통해 당사자들이 합의에 도달하면 합의 내용을 문서화해야 합니다.

때때로 이 문서는 양해각서(MOU, Memorandum of Understanding)의 형태를 취하기도 합니다. MOU는 일반적으로 조정된 합의의 핵심 내용이 포함된 간략한 문서로, 약간 확대된 조건들의 모음입니다.

만약 분쟁 해결 과정에서 한 당사자가 다른 당사자에게 금전을 지급하기로 합의하였다면, MOU에는 지급 금액과 기본 지급 조건(즉시 현금 지급, 분할 지급, 미지급된 합의 금액에 대한 이자, 담보 또는 기타 지급 보증) 등이 명시됩니다. 또한 MOU는 합의의 범위를 특정 방식으로 기술하게 됩니다. 예를 들어 당사자 간 모든 청구권, 현재 진행 중인 소송상의 모든 청구권, 또는 MOU에서 명시된 특정 청구 등 합의 내용이 어떤 식으로든 설명됩니다. 이 외에도 조정을 통해 합의된 주요 사항이 MOU에 기재됩니다.

가장 중요한 문제는 당사자들이 MOU를 법적으로 구속력 있는 합의서로 간주할 것인지, 아니면 단순히 당사자들이 일반적인 이해에 도달했음을 기록하는 문서로, 더 완전하고 적법한 계약 문서가 작성 및 서명될 때까지 법적 구속력이 없는 것으로 간주할 것인지에 대한 여부입니다.

MOU의 법적 효력에 대한 내용은 명확한 표현으로 기술되어야 합니다. 예를 들어, "본 문서는 합의서입니다. 당사자들은 본 합의서의 조건에 구속됩니다. 또는 본 합의서는 완전하거나 최종적인 것이 아니며, 당사자들은 보다 완전한 법적 문서를 협상, 작성 및 체결할 의도를 가지고 있습니다. 양 당사자가 법적으로 집행 가능한 최종 합의서를 준비하여 서명하기 전까지는 어떠한 법적 의무도 발생하지 않습니다"와 같이 명시할 필요가 있습니다. 현대 조정 관행에서 경험 많은 조정자는 조정 절차의 일부로 법적으로 집행 가능한 최종 합의서를 작성할 것을 권장합니다.

때로는 당사자들이 상호 합의할 수 있는 최종 합의서가 준비되고 서명될 때까지 조정 세션을 계속 진행하기도 합니다. 경우에 따라 조정자는 당사자들의 법률 대리인과 별도의 세션을 진행하여 합의의 법적 문서화를 완료하도록 지원할 수도 있습니다. 다른 경우, 당사자들이 집행 가능한 주요 합의 조건 중심의 MOU를 준비하고 법적인 추가 내용의 보완 및 초안 작성의 완료는 변호사에 맡깁니다.

일반적으로 당사자들은 최종 합의서 초안을 작성하는 과정에서 발생할 수 있는 분쟁을 해결하기 위해 조정자가 계속해서 개입해 주기를 요청합니다.

최적의 경우에는 소송이 계류 중인 법원에 언제 어떤 내용을 보고할 것인지에 대한 논의가 포함됩니다. 대부분의 조정자는 합의 계약에서 다루어져야 할 주요 항목에 대한 체크리스트를 가지고 있습니다. 당사자들이 변호사에 의해 대리되는 경우 조정자는 조정 과정에서 이미 해당 체크리스트의 모든 항목을 검토했을 가능성이 높습니다. 어떤 경우, 특히 당사자가 법률 대리인에 의해 자문을 받지 않는 경우에는 조정자와 당사자가 최종 합의서의 모든 측면을 상세하게 검토할 필요가 있습니다. 일반적으로 합의서 체크리스트에 포함될 항목은 다음과 같습니다.

1) 조정 합의서 체크리스트

① 양해각서(MOU) 또는 구속력 있는 합의 계약서
- 당사자들은 본 합의서를 구속력 있는 계약으로서 집행 가능하도록 의도하는가?

② 합의의 범위
- 특정 분쟁에 한정되는가?
- 민사 소송에서 계류 중인 모든 청구를 포함하는가?
- 이미 제기된 청구뿐만 아니라 제기 가능했던 모든 청구를

포함하는가?

③ 지불 조건
- 누가 누구에게 지급하는가?
- 지급 금액, 시기, 방법은 어떻게 되는가?

④ 조정 비용을 포함하여 법률 비용 및 비용 지불
- 법률 비용 및 조정과 관련된 비용은 누가 부담하는가?

⑤ 지급에 대한 보증
- 합의 금액의 지급이 분할하여 이루어질 경우, 보장 방안이 마련되어 있는가?

⑥ 기타 조건
- 지식재산권 사용에 대한 라이선스 부여 여부
- 부동산 임대 계약 여부
- 보증 의무의 지속 여부
- 감사 권한

⑦ 법적 책임으로부터의 면제
- 일반적 면책인가, 특정 사안에 대한 면책인가?

⑧ 계류 중인 소송의 취하
- 소송 취하 시점 및 절차는 어떻게 되는가?

⑨ 비방 금지 조항
- 어느 일방도 잘못을 인정하지 않고, 상대방에 대해 나쁜 말을 하지 않으며, 분쟁 해결 방법에 대한 공동 보도 자료 또는 합의된 성명서를 작성할 수 있습니다.

⑩ 합의 계약 조건의 기밀 유지
- 합의 조건의 기밀성이 유지되는가?

조정 절차의 목표는 동일한 분쟁으로 인한 향후 소송을 방지하는 합의이므로, 조정 합의 계약이 법적 소송의 근거가 되는 상황은 모든 조정자의 우려 사항입니다. 안타깝게도 미국에서는 조정된 합의 계약을 집행하기 위해 제기되는 소송이 증가하고 있습니다. 이러한 증가의 일부 원인은 조정이 더 빈번하게 활용되고 있다는 사실에 기인합니다. 그러나 일부 증가의 원인은 상대적으로 조정 절차의 결론에 대한 관심 부족과 최종 합의 조건을 명확하게 문서화할 필요성에 대한 인식 부족으로 발생한 것일 수도 있습니다.

8. 결론(Conclusion)

 조정은 국내 및 국제 비즈니스 분쟁을 해결하기 위한 선호 방법으로 부상했습니다. 조정을 효과적으로 옹호하고 조정에 적합한 새로운 기술을 개발하거나 기존 기술을 적절하게 활용하는 것은 갈등과 분쟁을 만족스럽고 신속하며 저렴하게 해결책을 찾을 수 있을 것입니다. 현재 조정은 미국에서 가장 보편적인 분쟁 해결 방식으로 자리매김하고 있습니다.

VI.
한국과 미국에서의 조정 진행

1. 한국에서의 조정 진행

조정을 진행하는 사람을 조정위원이라고 합니다. 본 책자의 조정자와 같은 의미로 판단됩니다.

조정 관련 법령인 민사조정은 민사조정법, 민사조정규칙, 형사조정은 범죄피해자 보호법 및 시행령, 형사조정 실무운용 지침을 기준으로 본 책자와 관련되는 내용만 일부 발췌 요약한 것으로, 세부 구체 내용이나 본 내용의 확인은 관련 법령이나 조정 관련 기관의 홈페이지 등을 참조하시기 바랍니다.

가. 조정위원의 자격 요건 및 조정위원 선정

1) 민사조정

조정위원은 고등법원장, 지방법원장 또는 지방법원지원장이 학식과 덕망이 있는 사람 중에서 미리 위촉합니다. 조정위원의 임기는 2년입니다.

2) 형사조정

형사조정위원은 형사조정에 필요한 조정 능력 및 법적 지식 등의 전문성과 학식·덕망을 갖춘 사람으로서 관할 지방검찰청(지청)의 장이 미리 위촉하는 사람으로 합니다.

형사조정위원회의 위원장과 위원을 위촉하는 경우 관할 지역의 법조계, 교육계, 의료계, 종교계, 문화계 및 언론계 등 각계의 추천을 받거나 공모 절차에 응한 사람들을 대상으로 공정하고 투명하게 심사하여 위촉합니다. 임기는 2년으로 하되, 연임할 수 있습니다.

3) 조정 관련 기관

아래 "다" 항의 수십 개 조정 관련 기관에서 각각 수 명에서 수백 명의 조정위원이 활동 중입니다. 관련 기관의 홈페이지를 참조하면 대한상사중재원은 약 1,700명의 중재인이 있으며 이 중 법조계가 아닌 분들이 약 700명으로 실업계, 학계, 전문단체, 회계사, 변리사 등입니다. 또한 한국의료분쟁조정중재원의 경우 조정위원이 보건의료인 및 법조인, 소비자권익 관련 분야 종사자, 대학교수 등 학식과 덕망이 풍부한 전문가 100~300인으로 구성되어 있습니다.

☞ 조정 전문가의 수요는 더욱더 증가될 것으로 예상되며, 조정 절차나 기법을 습득하여 조정 전문가로 능력과 역량 확보가 우선 필요한 것으로 생각됩니다. 본 책자가 조정 전문가의 조정 기법, 기술 등의 향상을 위해 도움이 되기를 희망합니다.

나. 조정 교육

법원은 조정위원에게 정기적인 교육 및 연수 기회를 제공하여야 합니다. (민사조정법)

※ 상기 법령에 의한 내용 외 갈등 또는 분쟁 관련 교육은 조정 관련 기관 등의 교육 절차를 참조하시기 바랍니다.

다. 조정(Mediation) 진행 기관

1) 민사조정

조정 담당 판사는 스스로 조정을 하거나, 상임(常任)으로 이 법에 따른 조정에 관한 사무를 처리하는 조정위원(이하 "상임 조정위원"이라 한다) 또는 조정위원회로 하여금 조정을 하게 할 수 있습니다. 다만, 당사자의 신청이 있을 때에는 조정위원회로 하여금 조정을 하게 하여야 합니다.

법원행정처장은 효율적인 조정사무 처리를 위하여 필요하다고 판단하는 때에는 조정센터를 설치할 수 있습니다.

2) 형사조정

형사조정을 담당하기 위하여 각급 지방검찰청 및 지청에 형사조정위원회를 둡니다.

3) 분쟁조정기관

아래 표는 다수 조정기관 중 일부의 예시이며 공정거래위원회, 문화체육관광부, 행정안전부, 보건복지부, 환경부, 특허청, 산업통상자원부, 중소벤처기업부 등 정부 관련 조정기관이 수십 개 있습니다. 조정 관련 기관의 증대로 조정자가 되는 기회는 점점 확대되고 있습니다.

조정 관련 기관	주요 업무	관련 부처
대한상사중재원	• 국내외 상거래에서 발생하는 분쟁 조정·중재	산업통상자원부
한국소비자원 (소비자분쟁 조정위원회)	• 소비자와 사업자 사이 발생 분쟁 조정 (소비자기본법)	공정거래위원회
언론중재위원회	• 언론 등 보도 또는 매개로 인한 분쟁 조정·중재(언론중재 및 피해구제 등에 관한 법률)	문화체육관광부
한국의료분쟁 조정중재원	• 의료분쟁 조정하거나 중재(의료사고 피해구제 및 의료분쟁 조정 등에 관한 법률)	보건복지부
환경분쟁 조정위원회	• 대기오염, 수질오염, 진동과 악취 등 환경분쟁 조정(환경분쟁 조정법)	환경부
산업재산권 분쟁조정위원회	• 산업재산권, 직무발명, 영업비밀 관련 분쟁 조정(발명진흥법)	특허청
한국공정거래 조정원	• 불공정거래행위 등 공정거래분쟁 등 (독점규제 및 공정거래에 관한 법률)	공정거래위원회

☞ 조정 전문가로 활동하려면 조정 진행 기관의 조정위원으로 참여하는 것을 추천합니다.

라. 조정(Mediation) 신청 및 진행 절차 및 결과

1) 민사조정
- 민사에 관한 분쟁의 당사자는 법원에 조정을 신청할 수 있습니다.
- 수소법원(受訴法院)은 필요하다고 인정하면 항소심(抗訴審) 판결 선고 전까지 소송이 계속(係屬) 중인 사건을 결정으로 조정에 회부(回附)할 수 있습니다.
- 조정기관은 조정 절차에서 당사자를 동등하게 대우하고, 사건에 대하여 충분히 진술할 수 있는 기회를 주어야 합니다.
- 조정의 효력은 재판상의 화해와 동일한 효력이 있습니다.

2) 형사조정
- 검사는 피의자와 범죄피해자 사이의 형사분쟁을 공정하고 원만하게 해결하여 범죄피해자가 입은 피해를 실질적으로 회복하는 데 필요하다고 인정하면 당사자의 신청 또는 직권으로 수사 중인 형사사건을 형사조정에 회부할 수 있습니다.
- 당사자가 형사조정을 원하고 있으나 형사조정신청서 작성을 위한 출석이 곤란한 사정이 있을 경우 검사는 검찰 직원으로 하여금 당사자로부터 형사조정 회부에 동의한다는 취지가 기재된 형사조정회부동의서를 모사 전송 등의 방법으로 제출받아 별지 제2호 서식에 의한 형사조정신청확인서에 첨부하고 그 취지를 기재하도록 한 후 형사조정에 회부할 수 있습니다.

- 형사조정위원회는 형사조정 절차가 끝나면 제1항의 서면을 붙여 해당 형사사건을 형사조정에 회부한 검사에게 보내야 합니다.
- 검사는 형사사건을 수사하고 처리할 때 형사조정 결과를 고려할 수 있습니다. 다만, 형사조정이 성립되지 아니하였다는 사정을 피의자에게 불리하게 고려하여서는 아니 됩니다.

※ 상기 내용은 관련 법령에서 일부 내용만 요약 발췌한 것으로, 세부 내용은 필요시 법령 전체를 검토하시기 바랍니다. 또한 각 조정 관련 기관의 조정 신청 및 절차 등은 홈페이지에 안내되어 있으므로 각 기관의 홈페이지를 참조하시기 바랍니다.

마. 조정 범위

형사조정에 회부할 수 있는 형사사건은 다음 각 호와 같습니다.
(범죄피해자 보호법 시행령)

① 차용금, 공사대금, 투자금 등 개인 간 금전거래로 인하여 발생한 분쟁으로서 사기, 횡령, 배임 등으로 고소된 재산범죄 사건
② 개인 간의 명예훼손·모욕, 경계 침범, 지식재산권 침해, 임금체불 등 사적 분쟁에 대한 고소사건
③ 제1호 및 제2호에서 규정한 사항 외에 형사조정에 회부하는 것이 분쟁 해결에 적합하다고 판단되는 고소사건
④ 고소사건 외에 일반 형사사건 중 제1호부터 제3호까지에 준하는 사건

※ 한국의료분쟁조정중재원의 조정 적용 범위는 보건의료인이 환자에 대하여 실시하는 의료행위로 인하여 사람의 생명, 신체 및 재산에 대하여 피해가 발생한 경우이며, 각 조정 관련 위원회 등 각 기관에 따른 조정 적용 범위를 참조하시기 바랍니다.

바. 조정에 참여하는 조정자 수

법령에 의한 조정위원회의 구성 및 조정 관련 기관의 조정위원 참여 수는 대체적으로 2~5명이나, 세부 내용은 법령 및 각 조정 관련 기관의 홈페이지 등을 참조하시기 바랍니다.

2. 미국에서의 조정 진행 — 미국에서는 많은 분쟁 해결을 위해 왜 조정을 선택하는가?

※ 본 내용은 원저자와 미국에서 조정 방법에 대해 질의응답한 내용을 요약한 것입니다.

The U.S. Mediation System_Why the U.S. Turns to Mediation for Many Disputes?

대체적 분쟁 해결(Alternative dispute resolution)이 적절한 분쟁 해결(Appropriate dispute resolution)로 바뀌었습니다. 최근 특정 유형의 분쟁, 특히 이혼이나 자녀 양육권과 관련된 가족 분쟁의 경우 조정의 진행으로 중심 무대가 이동했습니다. 또한 상업 분야에서도 조정은 분쟁 및 리스크 관리의 필수적인 부분이 되었습니다. 국내 및 국제 거래에서 주요 기업의 대부분의 비즈니스 계약은 분쟁 해결을 규정하고 있으며, 일반적으로 중재에 앞서 조정을 먼저 진행합니다. 주요 법무법인들은 이제 고객에게 소송 전략 및 분쟁 관리에 대한 자문을 제공할 때 조정을 고려할 수 있는 옵션으로 포함하고 있습니다. 이제 당사자와 변호인은 모든 상거래 분야에서 관련 주제에 대한 전문 지식을 갖춘 숙련되고 경험이 풍부한 조정자를 찾을 수 있습니다.

가. 조정자의 자격 요건 및 조정자 선정(Qualifications and Selection of a Mediator)

조정자가 되기 위한 공식적인 자격 요건은 거의 없습니다. 자신이 조정자라고 밝히면 조정자가 됩니다. 대부분의 관할권에서는 당사자가 동의하면 누구나 조정자로 활동할 수 있습니다. 모든 주에서, 모든 유형의 분쟁에서 당사자들의 요구를 충족하기 위해 조정을 이용할 수 있습니다. 조정자가 기업 기관 등 단체에 소속되어 있어야 한다는 일반적인 요건은 없습니다.

미국의 연방 정부 및 주 정부는 조정자를 허가하거나 등록 절차를 운영하지 않습니다. 정부 기관이나 법원 시스템에서 만든 조정 프로그램을 제외하고 조정자 및 조정 절차에 대한 정부의 감독 권한은 없습니다.

조정기업, 기관(Community) 조정 프로그램은 일반적으로 정식 학위가 필요하지 않으며, 최소 40시간의 교육과 자격을 갖춘 조정자의 감독하에 실습을 거치는 정도로 충분합니다. 이혼 및 가족 조정자는 일반적으로 더 엄격한 고급 교육을 이수해야 합니다. 법원과 연계된 조정 프로그램에서 조정을 하려면 일반적으로 최소 35~40시간의 교육을 받아야 하며, 일부 법원 연계 프로그램은 법학 학위 또는 기타 관련 학위를 요구하기도 합니다. 기업 간 분쟁을 조정하는 상업 부문 조정자는 대개 기본 교육을 이수한 후 상당한 실무 경험을 보유한 경우가 많습니다. 특히, 변호사가 조력을 제공하는 상업 분쟁에서는 조정자가 풍부한 경험을 갖춘 경우가 일반적입니다. 이에 따라, 대부분의 상업 조정자는 전직 판사이거나 경험이 많은 소송 변호사입니다.

　조정기업, 기관(Community)은 미국 변호사 협회(American Bar Association), 미국 중재 협회(American Arbitration Association) 및 기타 주요 ADR 서비스 제공자 단체, 조정기업과 같은 조직에서 만들고 승인한 윤리 규정이 있습니다. 이러한 윤리 지침은 조정자가 충분한 교육을 받고 자격을 갖출 것을 제안하지만, 통일된 기준과 강제적 집행 수단은 없습니다. 12개 주와 워싱턴 DC에서 채택한 "통일 조정법(Uniform Mediation Act)"이 채택되었지만 조정자에 대한 최소 교육이나 면허 요건을 강제하지는 않습니다.

　JAMS와 같은 민간 기업·단체는 훈련, 경험 및 학력에 기반한 자체적인 조정자 기준을 가지고 있으며 그들의 소속 조정자를 위한 자체 교육 프로그램을 운영하고 있습니다.

조정 교육을 담당하는 강사, 트레이너에 대한 라이선스 요건은 없으며, 조정 교육을 제공하는 기관에서 발급하는 수료증이 유일한 증빙 자료이며 일부 법원 연계 프로그램에서는 특정 조정기관이 제공하는 조정 교육을 승인하여 법원 조정자 명단에 등록 시 조정자에게 요구하기도 합니다.

예로 매사추세츠주에서는 조정 비밀을 보장하기 위해 최소한의 교육 요건이 필요합니다. 법원 연계 프로그램의 경우에도 교육 요건이 있는 주는 드물며, 있는 주에서도 대부분 고등학교 졸업 이상의 학력만 있으면 자격을 인정할 수 있는 방식으로 운영됩니다.

일반적으로 조정기업, 기관은 조정자가 처리할 수 있는 사안의 유형에 제한을 두지 않으며, 조정자를 선택하고 조정할 사안의 범위를 정의하는 것은 당사자의 자율에 맡깁니다.

나. 조정 교육(Mediation training)

일반적으로 조정 교육은 약 40시간 정도로 진행되며, 최소 한 번 이상의 조정 관찰을 포함해야 하고, 때로는 수련생이 수행한 조정 중 하나 이상이 지도하는 조정자에 의해 관찰되어야 할 수도 있다는 데 의견이 모아져 있습니다. 강의, 시연, 모의 조정은 대부분의 교육 프로그램의 기본입니다. 가족 또는 이혼 조정의 경우, 조정자가 법원에서 검토할 이혼 합의서를 준비하는 역할을 맡게 되므로,

사전 교육이 추가로 필요합니다. 조정 교육은 관할 지역에 따라 다릅니다. 대부분의 교육은 분쟁 조정기업, 기관이나 개별 조정자가 실시합니다. 일부 대학에서는 ADR 과정의 일부로 조정 교육을 제공합니다. 일부 법원 연계 프로그램은 ADR 서비스 제공업체와 조정기업에게 법원이 승인한 조정 교육을 진행하도록 요구합니다. 이와 유사하게 일부 연방 프로그램은 최소 기준을 충족하기 위해 조정 서비스 제공자 기관 또는 기업과 계약하여 해당 기관에서 조정 교육을 제공합니다.

JAMS와 같은 조정기업, 기관은 자체의 조정자들을 대상으로 교육을 실시합니다.

주요 교육 기관에서는 고급 자격증 취득 프로그램의 일환으로 조정 교육을 제공합니다. 하버드의 협상 프로그램(PON)에서는 집중적인 조정 교육을 제공합니다.

다른 학교에서는 갈등 관리/분쟁 해결 석사 등의 학위를 제공합니다. 예를 들어, 페퍼다인 대학교와 스트라우스 분쟁 해결 연구소가 있습니다.

원저자의 조정 교육 방법 소개

1) 소개: 사람들이 말하도록 유도하기(Introductions: getting people to talk)

조정이 소개로 시작되는 것처럼 교육도 소개로 시작해야 합니다.

강사 또는 트레이너는 자신의 배경과 경험, 그리고 개인적인 자신의 정보를 제공합니다. 그런 다음 각 사람이 조정에 참여한 사람들에게 자신을 소개합니다.

2) 참여형 토론(Inter-active discussions)

그룹 토론이나 조정에서 일부 참가자는 말하기를 주저할 수 있습니다. 이를 극복하기 위해 간단한 참여형 토론(Inter-active discussion) 기법을 활용하는 것이 도움이 될 수 있습니다. 갈등의 근본적인 원인과 분쟁 해결의 기본 요소들은 참가자들이 이미 어느 정도 알고 있을 가능성이 높습니다. 갈등과 협상은 우리의 일상생활에서 빈번하게 발생하기 때문입니다. 따라서 참가자들이 기존에 알고 있는 정보를 조직적인 그룹 토론을 통해 공유하도록 하면, 정보 전달이 더욱 효과적으로 이루어지고, 참가자들의 자신감도 향상됩니다.

3) PowerPoint, 플립 차트 또는 기타 시각적 보조 자료가 포함된 프레젠테이션(Presentations with PowerPoint, flip charts or other visual aids)

강사 또는 트레이너는 모든 참가자에게 그룹으로 몇 가지 정보를 제공해야 합니다. 이는 시각적 보조 자료를 사용한 강의/프레젠테이션 형식으로 하는 것이 가장 좋습니다. 교육 과정의 개요, 기본 용어, 조정 프로세스의 기본 사항이 설명됩니다.

4) 전문가 시연(데모)(Expert demonstration)

조정 교육은 지식 중심 학습이 아니라 기법(Skill) 기반 교육입니다. 이 분야는 직접 실습하는 것이 가장 효과적인 학습 방법이며, 그다음으로 효과적인 방법이 전문가 시연을 관찰하는 것입니다. 전문가 시연은 다음과 같은 단계로 나누어 진행해야 합니다.

① 소개, 조정자의 개회 및 기본 규칙 설정
② 첫 번째 공동 세션
③ 개별 세션
④ 제안의 개발 및 전달
⑤ 협상의 장애 요소 식별 및 대처, 해결 방법
⑥ 협상 결과 합의 문서 작성 및 조정 종료 방법으로 나누어 진행

5) 모의 조정(Mediation role plays)

기술 기반 교육에서 가장 중요한 학습 요소는 모의 조정에 적극적으로 참여 조정을 간접적으로 경험하는 것입니다. 모의 조정은 시작 시 모든 참가자가 읽고 학습할 수 있는 공통된 사실관계, 분쟁 내용, 현재 상황 등을 제공하고, 동시에 참여자들에게 각각 맡게 되는 역할에 따라 모의 조정에서의 역할, 목적 및 목표 등을 추가로 제공합니다. 역할 관련 세부 내용은 각각 다르며 해당 역할을 맡은 사람만이 알고 있습니다. 모의 조정은 각 참여자가 받은 내용에 따라 역할을 수행하는 것입니다. 모의 조정을 진행하면서 처음에 제공되지 않은 추가 정보나 당사자의 역할에 대한 추가적인 정보가 제공될 수도 있습니다. 모의 진행 과정에

교육을 진행하는 분이 One point lesson을 제공할 수도 있습니다.

6) 모의 조정 시연 및 관찰(Role play with group observation)

소그룹의 시연은 전체 교육 그룹 앞에서 진행됩니다. 교육 과정 후반부에는 전체 교육 그룹이 관찰하고 비평하는 가운데 참가자가 모의 조정을 수행하도록 하는 것이 유용할 수 있습니다.

7) 비디오 및 영화(Video and movies)

교육 동영상으로 교육을 보강할 수 있습니다. 특히 특정 스타일을 가르치거나 교육 참가자에게 동영상을 비평하도록 요청할 때 조정 시연 동영상의 일부를 시청하는 것이 도움이 되는 경우도 있습니다. 또 다른 동영상 접근 방식은 조정의 시간 순서에서 가져온 일련의 짧은 장면을 보여 주는 것입니다. 각 장면이 끝날 때마다 잠시 멈추고 "이제 어떻게 하시겠습니까?"라는 질문을 던집니다. 참가자들은 해당 상황에서 실제로 어떤 조치를 취할지 고민하고 이를 구체적으로 표현해야 합니다. 이후 영상이 이어서 재생되며 조정자가 실제로 어떻게 대응했는지를 확인할 수 있습니다. 이러한 짧은 사례들은 비교적 짧은 시간 안에 여러 개를 검토할 수 있으며, 참가자들은 효과적인 조정 기법을 신속하게 파악하는 능력을 기를 수 있습니다.

8) 규칙 및 가이드라인 비판하기(Critiquing rules and guidelines)

대화형 학습은 스트레스를 유발할 수 있습니다. 모의 조정을 하려면 사람들은 동료들 앞에서 연기를 해야 합니다. 특히 이전 생활과 학교 교육 경험에서 이러한 유형의 학습에 노출되지 않은 경우, 많은 사람들이 처음에는 이를 매우 염려하고 우려합니다. 동시에 다른 사람의 성과를 평가할 기회가 주어지면 어떤 사람들은 다른 사람의 단점을 지적하는 데 상당히 대담해질 수 있습니다. 트레이너의 적절한 지도가 없다면 이러한 비판은 참가자에게 치명적일 수 있으며 모든 참가자가 시도를 더욱 꺼리게 만들 수 있습니다. 트레이너가 비판을 주고받을 수 있는 적절한 학습 환경을 조성하기 위해 사용할 수 있는 다양한 기법, 예로 다른 참가자가 잘못한 것을 지적하고자 할 때 비판은 반드시 긍정적인 말과 함께 이루어져야 한다는 기법 등이 있습니다.

9) 준비 운동(Warm-up exercises)

상호작용식 학습 및 참여, 모의 조정은 사람들이 친근하고 행복한 마음가짐을 지닐 때 가장 효과적입니다. 교육 과정 첫날까지만 해도 낯선 사람일 수 있는 다른 참가자들을 신뢰하는 법을 배우는 것은 각 참가자가 교육에서 최대한의 가치를 얻을 수 있는 유용하고 필수적인 단계입니다. 신뢰와 팀워크를 구축하는 한 가지 방법은 다양한 사전 연습, 준비 운동을 하는 것입니다. 이 중 일부는 참가자들이 두뇌의 창의적인 부분을 사용하는 데 도움이 됩니다.

10) 조정 교육 기록하기(Keeping a journal)

일주일간의 집중적인 기술 기반 조정 교육 기간 동안 참가자들은 엄청난 양의 정보와 경험을 얻게 됩니다. 참가자들에게 매일 일기를 쓰도록 독려하는 것은 조정 훈련의 기본을 다시 한번 확인하고 다음 훈련 세션에서 다루고 싶은 질문을 기록하는 데 도움이 되는 또 다른 방법입니다. 교육이 몇 주에 걸쳐 진행되는 경우 기록하는 것은 조정 과정을 기억하고 반성하는 방법으로 더욱 유용합니다.

다. 조정 진행 기관(기업 또는 단체)(Mediation provider organizations)

대부분의 조정은 민간 개인 조정자 또는 민간 조정기업, 기관에서 수행합니다. 일반적으로 조정자나 조정기업, 기관을 규제하는 정부 기관은 없습니다. 연방 정부의 노동 조정 프로그램을 제외하면 조정자를 고용하는 정부 기관은 거의 없습니다. 법원과 연계된 조정 프로그램에 대해 주 정부에서 인증받은 조정자를 요구하는 플로리다와 같은 일부 주를 제외하고 조정자에게 면허를 부여하는 정부 기관은 없습니다.

조정기업, 기관은 자격을 갖춘 조정자 명단을 보유합니다. 일반적으로 당사자는 조정기업, 기관의 조정자 패널 명단에서 조정자를 선택할 수 있습니다. 만약 당사자들이 합의하지 못하면 해당 기업, 기관에서 조정자를 지정합니다. 지역사회 공동체(Community)

조정 프로그램에서 조정자는 일반적으로 해당 기관에서 지정합니다.

미국중재협회("AAA")는 가장 오래된 ADR 제공자이며 중재와 조정을 위한 전문가단을 보유하고 있습니다.

라. 조정 절차(Mediation process)

조정 과정은 정부의 감독 없이 비공개로 진행됩니다. 당사자들과 조정자는 성공적인 조정이 마무리된 후 합의서를 작성합니다. 이와 같은 합의서는 다른 계약과 동일한 집행력을 가지며, 당사자들은 합의 이행을 강제하기 위하여 사법적 구제 조치를 청구하거나 위반에 따른 손해 배상을 청구할 수 있습니다.

조정 회의는 중립적인 장소, 즉 조정 서비스 제공 업체, 조정자의 사무실, 지역 법원의 회의실, 법률 사무소, 커뮤니티 센터와 학교 등에서 진행됩니다.

2020년 이후로 많은 조정이 인터넷(Zoom 및 다른 매체)을 통해 또는 일부 당사자가 참석하고 일부가 인터넷을 통해 참여하는 하이브리드 모델로 진행되고 있습니다.

대부분의 조정은 하루 이내에 합의에 도달합니다. 어떤 경우에는 당사자들이 추가 조정 회의 일정을 잡는 데 동의할 수도 있습니다. 때로는 조정자가 변호사나 당사자들에게 전화로 조정 절차를 계속 진행할 수도 있습니다.

조정은 비밀이 보장되는 과정이므로, 조정에서 논의된 문제의 사실이나 조정 결과는 비밀로 유지됩니다. 조정을 통해 합의가 이루어진 경우, 해당 합의가 어떤 사실을 공개할 수 있는지를 결정하게 됩니다. 법원에 사건이 계류 중인 경우, 조정이 의무적으로 회부되었다 하더라도, 일반적으로 판사가 알 수 있는 정보는 조정으로 진행되었다는 사실과 조정을 통해 합의가 이루어졌는지 여부뿐입니다.

마. 조정 범위(Mediation scope)

대부분의 조정은 민사 사건과 관련이 있습니다. 현재 조정은 미국 사회 전반에 걸쳐 활용되고 있으며, 비즈니스 분야, 지역사회, 모든 교육 단계의 학교, 지방·주 정부, 연방 정부, 법원뿐만 아니라 사이버 공간에서도 이루어지고 있습니다. 많은 조정이 법원, 변호사 또는 법적 절차와 관련 없이 별개로 진행됩니다.

주 정부 및 연방 정부 기관들은 환경 문제, 구획 지정 및 건축, 건물 분쟁, 세금 관련 분쟁 및 기타 행정 기관과 관련된 많은 분쟁에 대해 법원 소송 대신 조정을 대안의 기회로 이용하고 있습니다.

대부분의 이혼 및 가족 문제는 조정 절차를 이용합니다. 많은 관할 구역에서 이혼 문제는 법원이 법정에서 재판을 하기 전에 당사자에게 조정을 이용하도록 요구할 수 있습니다. 또한 모든 주에서는 자발적인 이혼 조정을 권장하고 있습니다. 미성년 자녀와 관련된 가족 분쟁은 법원이 최종 판결을 내리는 경우에도 종종 의무적으로 조정을 수반합니다. 이혼 조정의 경우 법원은 조정 결과를 법원의 승인을 받도록 요구할 수 있으며, 이에 따라 조정 결과를 법원에 공개해야 합니다.

일부 관할 구역에서는 형사조정/회복적 사법(Restorative justice) 프로그램을 운영하고 있습니다. 이러한 프로그램은 대부분 경미한 분쟁이나 미성년자 관련 사건으로 제한되어 있습니다. 청소년 범죄자가 프로그램에 참여하기 위해서는 모두 검찰과 법원의 동의를 필요로 합니다. 조정자는 피해자와 가해자 간의 만남을 주선하고 대화를 조율합니다. 해결 방안은 사과, 배상 또는 사회봉사가 포함될 수 있습니다.

바. 조정에 참여하는 조정자 수(Number of mediators required to mediate disputes)

대부분의 경우 조정은 한 명의 조정위원이 진행합니다. 일부 법원 연계 프로그램과 일부 지역사회 조정 프로그램에서는 공동 조정위원 모델이 사용되는데, 일반적으로 신입 조정위원과 경험이 많은 조정위원이 짝을 이루는 방식입니다. 일부 대형 사건에서는 공동 조정위원이 활용됩니다. 예를 들어, 연방 정부와 많은 기업이 관련된 대규모 환경 정화 사건의 경우 공동 조정위원이 자주 사용됩니다. 이러한 경우 조정위원은 일부 당사자 그룹과 개별적으로 회의를 진행한 후 비공개회의를 통해 정보를 공유하고 다음 단계를 계획할 수 있습니다.

미국에는 정부 관련 등 위원회별 조정 모델은 없습니다. 일부 조직에서는 실제 조정에서 발생한 사건을 사용하여 이슈와 문제를 검토하기 위한 그룹 교육/토론회를 진행하기도 합니다(비공개로 진행). JAMS에서는 경험이 적은 조정위원이 경험이 많은 조정위원을 따라다니며 관찰할 수 있는 기회를 요청할 수 있습니다. 당사자의 동의가 있으면 일반적으로 이러한 요청이 승인됩니다. 때때로 경험이 적은 조정위원이 비공식적인 코칭이나 조언을 비공개로 요청할 수도 있습니다.

사. 조정 시작 시점(When to start mediation)

미국에서는 소송을 제기하기 전, 소송이 제기되었지만 모든 정보가 교환되기 전(증거 개시), 재판 직전, 재판 도중 또는 직후, 심지어 항소가 진행 중일 때 등 어느 단계에서든 분쟁을 조정으로 진행할 수 있습니다. 많은 사업 계약서에서 중재 요청 또는 민사 소송을 제기하기 위한 전제 조건으로 조정을 요구합니다. 다른 경우에는 당사자가 민사 소송을 제기한 후 해당 사안이 조정될 때까지 추가 소송 절차를 중단할 수 있습니다.

아. 법원과 연계한 조정 진행(Mediation with the court)

대부분의 관할 구역에서는 어떤 형태로든 법원 연계 조정을 시행하고 있습니다. 일부 주에서는 조정자로 등록된 조정 목록을 승인하고 당사자들이 해당 목록에 있는 조정자를 통해 조정을 진행하도록 권장합니다. 일부 주에서는 판사가 당사자들에게 조정을 명령할 수 있으며, 이 경우 조정은 자발적인 과정이지만 조정자가 합의를 강제로 이끌어 낼 수는 없습니다. 대부분의 관할 구역에서는 재판 일정을 잡기 전에 당사자들이 조정을 고려했거나 조정 절차를 이용했는지에 대해 보고할 것을 요구합니다.

소액 소송 법원에서는 종종 조정을 무료로 제공하며, 이는 재판을 대신할 수 있는 대안으로 활용됩니다. 지역사회에 봉사하고자 하는 시민들은 이러한 분쟁에 대한 조정자로 자원할 수 있습니다. ADR 서비스 제공 기관은 법원과 협력하여 조정자를 교육하고, 자원봉사 조정자가 적절한 분쟁을 처리할 수 있도록 일정을 조정하기도 합니다.

많은 연방 법원에서는 민사 사건에서 당사자들이 조정을 원하거나 법원이 재판 날짜를 정하기 전에 조정을 의무화하는 경우, 치안 판사를 조정자로 활용하여 조정을 진행합니다. 일부 관할권에서는 재판이 끝난 후나 사건이 항소 중인 사건에 대해서도 조정을 제공하기도 합니다.

자. 조정자의 중립성(Mediator Neutrality)

조정자는 중립적이어야 합니다. 조정자는 조정 과정에서 어느 한 당사자를 대리할 수 없습니다. 조정자는 윤리적 규정에 따라 잠재적인 이해 충돌을 공개할 의무가 있습니다. 이는 당사자들이 조정자를 선정하는 데 있어 중요한 사실로, 예를 들어 당사자 중 일방을 이전에 대리한 사실, 다른 법적 문제에 대해 당사자의 변호사 중 한 명과 함께 일한 사실, 당사자나 변호사와의 친분 관계 등이 해당됩니다. 조정자는 실제 또는 잠재적인 이해 충돌이 존재하거나 또는 당사자들이 조정자가 해당 사건을 조정하는 데 불편하다고 판단하는 경우, 자신이 해당 사건을 조정할 능력이 없다고 판단할 경우, 요청된 조정을 수행하지 않기로 결정할 수 있습니다.

　조정자의 중립성은 성공적인 조정 프로그램에서 가장 중요한 요소 중 하나입니다. 공개는 모든 관할 구역과 ADR 서비스 제공자가 공유하는 보편적인 가치입니다. 조정자의 일부 잠재적 갈등, 이해 충돌이 공개된 후에도 당사자들이 조정자를 이용하기로 결정할 수 있으며, 조정자 선택은 당사자들이 결정합니다. 조정 절차가 의무적으로 진행되는 경우에도 분쟁 해결을 도울 조정자는 당사자들이 선택할 수 있습니다. 일방 당사자는 상대방이 제안한 조정자가 이전에 상대방과 광범위한 거래를 한 적이 있는 경우 그 조정자를 수락하지 않을 수 있습니다. 당사자들이 변호사에 의해 대리되는 상업적 사안의 경우, 조정자가 이전에 변호사 중 한 명과 관련된 사안에서 조정자 역할을 했다는 사실만으로는 조정자 사용을 거부할 이유가 되지 않습니다.

차. 조정 비용(Mediation costs)

현대의 조정은 재판에 대한 경제적인 대안으로 추진되었습니다. 조정은 그 목표를 달성했습니다. 많은 사안에서, 특히 변호사가 필요하지 않은 사안의 경우 조정을 무료로 이용할 수 있습니다. 사건이 법원에 제기되고 당사자가 변호사를 선임한 경우, 조정 비용(조정자의 수수료 및 행정 수수료가 있는 경우)은 당사자들 간에 균등하게 분배됩니다. 조정자는 조정 수수료를 직접 결정하며 조정하는 분쟁 유형에 따라 수수료를 조정할 수 있습니다. 일부 조정 사안의 경우 예로 대기업이 소비자, 공급업체 또는 고용 분쟁을 해결하기 위해 조정을 이용하는 경우 해당 기업이 모든 조정 비용을 부담할 수 있습니다.

VII.
용어 정의
_ 조정 관련 용어 설명

ADR 대체적 분쟁 해결

Alternative Dispute Resolution or Appropriate Dispute Resolution.

재판 이외 분쟁을 해결하기 위해 시도하는 데 사용되는 모든 과정으로 협상, 조정, 중재가 주요 ADR 절차임.

Arbitration 중재

판사가 아닌 개인(Individual(s))이 진행하는 구속력 있는(또는 구속력이 없는) 분쟁 해결 방법. 중재인(Arbitrator)은 증거를 검토하고, 증인의 증언을 듣고, 법률 대리인의 주장을 청취한 후 판정함. 중재(Arbitration)는 일반적으로 재판보다 덜 형식적이며 법원의 판결처럼 집행 가능한 판정을 내림.

Baseball Arbitration 야구 중재

최종 제안 중재(Final Offer Arbitration). 중재 절차에서 양측 당사자가 각각 최종 제안을 제출하며, 중재인은 양측 제안 중 자신의 결정과 가장 가까운 금액을 최종 판정으로 확정함. 주로 프로야구 선수들의 연봉 분쟁 해결에 활용되기 때문에 '야구 중재'라고 불림.

BATNA, Best Alternative To a Negotiated Agreement 최선의 협상 대안

협상이 결렬될 경우를 고려한 최상의 대안.

Caucus 개별 회의

한 당사자와 조정자의 별도 회의(Separate meeting with one party and the mediator). 다자간 조정이나 대규모 공공 정책 조정 과정에서는 유사한 견해를 가진 참여자들 간의 회의.

Conflict 갈등

개인이나 집단 간의 상호작용으로 이해관계, 입장 또는 행동이 서로 다르거나 상충된다고 인식되는 경우를 의미.

Consensus-building 합의 구축

다양한 이해 당사자 또는 경쟁 관계에 있는 이해 집단(이해관계자) 간 협력하여 합의에 도달하는 것을 목표로 하는 대체적 분쟁 해결(ADR)

절차. 합의 구축의 목적은 폭넓은 지지를 받을 수 있는 공공 정책, 절차 또는 개발 방안을 마련하여 이해관계자 간의 심각한 갈등이나 법적 분쟁의 가능성을 줄이는 것.

Defendant 피고
민사 또는 형사 소송에서 소송을 당한 개인 또는 단체.

Ground rules 기본 규칙
당사자들과 조정자가 조정 절차를 원활하게 진행하기 위해 설정하는 규칙. 여기에는 조정자의 기밀 유지, 중립성 및 독립성, 자발적 해결, 성실한 조정 절차 참여 등이 포함될 수 있음.

Impasse 교착 상태
분쟁 당사자들이 자발적으로 해결에 도달하지 못하는 상태를 의미. 즉, 협상이 난관에 봉착한 경우.

Interest-based negotiations 이해관계 기반 협상
당사자의 실질적인 이해관계에 초점을 맞추는 협상 방식으로, 이는 표면적으로 드러난 입장과 다를 수 있음. 조정에서는 이 방식이 권리 기반 협상(Rights-based negotiations)과 대조됨. 권리 기반 협상은 당사자가 법적 주장에 근거하여 법원이 내릴 것으로 예상하는 판단에 초점을 맞추는 협상 방식.

Joint session 합동 회의

모든 당사자가 참석하는 조정 회의(세션). 일반적으로 대부분의 조정은 공동 회의로 시작됨. 이 자리에서 당사자들은 조정자와 서로를 소개하고, 조정자와 당사자들은 조정을 위한 기본 규칙(Ground rules)을 정하고, 당사자들은 사실, 감정, 입장 및 이해관계에 대해 처음으로 프레젠테이션함.

Judicial mediation 사법 조정

소송이 제기된 후 법적 분쟁과 관련하여 이루어지는 조정을 의미. 법원이 주관하거나 법원과 연계된 조정을 포함.

Mediation 조정

중립적인 제3자(Neutral third party)가 분쟁 당사자들이 자발적으로 상호 수용 가능한 해결책을 모색하도록 돕는 과정. 조정자는 결정을 내릴 권한은 없지만, 분쟁 당사자들의 이해관계를 파악하고, 옵션을 개발하고 평가하며, 가능한 경우 합의를 도출할 수 있도록 도움을 줌.

Mediator 조정위원=조정인=조정자

갈등을 관리하거나 당사자 간의 분쟁을 해결하기 위해 당사자들의 협상을 지원하는 중립적인 제3자. 조정자는 일반적으로 조정 절차를 진행하고 주도하지만, 최종적인 결과는 전적으로 당사자들의 결정에 달려 있음.

Negotiation 협상
둘 이상의 당사자가 거래에 대해 상호 동의할 수 있는 근거를 찾거나 분쟁을 해결하기 위해 상호 합의 가능한 근거를 찾으려는 과정.

Neutral 중립
현직 판사(Active judge)가 아닌 분쟁 해결 전문가로, 조정 등 분쟁 해결 서비스를 제공하는 사람.

Neutral Expert 중립 전문가
어느 한쪽 당사자가 선임한 것이 아닌 전문가로, 분쟁 해결 과정에서 중립적이고 공정한 전문 의견을 제공하기 위해 참여하는 사람.

Night Baseball Arbitration 야간 야구 중재
최종 제안 중재의 한 형태로, 중재인은 당사자들의 마지막 최선의 제안을 사전에 알지 못한 상태에서 배상 금액을 결정함. 이후 각 당사자의 마지막 최선의 제안을 확인하고, 중재인의 결정과 가장 가까운 제안을 낸 당사자가 최종 승리하게 되는 방식.

ODR, On-line Dispute Resolution 온라인 분쟁 해결
인터넷을 통해 분쟁을 해결하는 방법. 일반적으로 인터넷 거래에서 발생하는 분쟁을 해결하기 위해 대체적 분쟁 해결(ADR) 절차를 활용하는 것을 의미함.

Opening Statement 개회 선언문
조정에서 한 당사자가 처음으로 발표하는 진술. 재판이나 중재에서의 개시 진술과 달리 형식적인 증거 입증이나 법적 입장에 한정되지 않으며, 발표하는 당사자가 중요하다고 생각하는 분쟁의 모든 측면을 포함할 수 있음.

Party-controlled ADR process 당사자 제어 ADR 프로세스
최종 결과가 과정에 참여하는 당사자에 의해 결정되는 ADR과정 절차. 조정(Mediation)과 협상(Negotiation)은 당사자가 주도하는 과정이나, 중재(Arbitration)와 소송(Litigation)은 그렇지 않음.

Plaintiff 원고
소송을 제기하는 당사자, 고소인, 원고를 의미. 일반적으로 피고(Defendant)의 행위에 대해 불만을 제기하는 측이 원고가 됨.

Rights-based mediation 권리 기반 조정
법적 입장을 강조하며 법원이 해당 분쟁을 어떻게 판단할 가능성이 있는지를 중심으로 진행되는 조정 방식. 이해 기반 조정(Interest-based mediation)과 대조됨.

Settlement Agreement 합의 계약
분쟁 중인 사안에 대해 협상 또는 조정을 통해 도출된 합의를 문서화한 것. 합의서에는 구체적인 합의 조건이 포함되며, 법적 구속력을 갖는 계약으로 간주될 수 있음. 또한, 합의서에서 발생할 수 있는 추가적인 분쟁을 해결하기 위한 집행 메커니즘 또는 분쟁 해결 절차를 명시할 수도 있음.

UMA, Uniform Mediation Act 통일 조정법

조정의 기밀성(Confidentiality)과 관련하여 일관된 법적 기준을 확립하기 위해 제안된 통일법으로, 미국 내 약 1/3의 주에서 채택됨.

WATNA, Worst Alternative to a Negotiated Agreement 최악의 협상 대안

협상이 결렬될 경우를 고려한 최악의 대안.

원저자 Original Author James E. McGuire 경력

James E. McGuire is a neutral with JAMS in its Boston. Massachusetts Resolution Center. An experienced mediator and arbitrator, he specializes in resolving disputes involving financial, business, insurance, and intellectual property matters. Prior to joining JAMS in 2004, Mr. McGuire was a partner in the Boston office of Brown Rudnick LLP. Since 1989, Mr. McGuire was Chair of the firm's ADR Practice Group and provided services as settlement counsel for clients of the firm. He has served as a mediator for several state and federal court-connected mediation programs. Mr. McGuire taught Mediation: Theory and Practice at the Boston University School of Law in Boston. Massachusetts (2003-2007) and at the Northeastern University Law School in Boston (1997-2002). Mr. McGuire has also participated in mediation training programs in Russia, China, Canada, Jordon and other areas in the international ADR community.

Education	• HARVARD COLLEGE B. A. (1968) • BOSTON UNIVERSITY SCHOOL OF LAW J. D. (1974) Editor-in-Chief, Law Review 1973-1974
Profession and relevant Work Experience	• Neutral-Mediator and Arbitrator Affiliated with JAMS (2004-2024) • Attorney with 30 years of experience in large Boston firms. Goodwin Proctor (1975-1982); (Brown Rudnick 1982-2004) • Chair, ADR Practice Group, Brown, Rudnick 1989-2004
Teaching and Training Experience: Law Schools	• Harvard Law School Program on Negotiation Mediation seminar (Professor Frank Sander), Lecturer (1989-2007) • Boston University School of Law, Mediation: Theory and Practice seminar, Lecturer (2003 to 2007) • Northeastern University School of Law; Mediation in the Public Interest seminar, Adjunct Professor (1999-2002)
Teaching and Training Experience: International	• Korea: Advanced Mediation and Arbitration Training, organizer and lead trainer, two-week program, Boston, 2015

Teaching and Training Experience: International	• Korea: Mediation, Lecture, Global Negotiation and Mediation Program, International IP ADR Center, Seoul, Korea, 2014 • Nigeria: Commercial Mediation, Lecture and Workshop, Boston, 2013, 2010 • Croatia: Tools for Mediators Workshop: Risk Analysis, Power of Apology, Zagreb, June 2012 • Netherlands: Informal Pro-Active Mediation ("IPAM"), lecture and workshop, The Hague, 2010 • Canada: Glocal Mediation, Lecture and Workshop, Calgary, 2010 • China: International Symposium on Chinese and Foreign Mediation Programs, Langfang, 2009 • China: Mediation Training, Chungchun, Jilin Province, one week, 2007 • Jordon: ABA, Mediation and Arbitration Training for Insurance Commission of Jordan, Amman, Jordon, February 2006 (two weeks; two 40-hour courses; reviewed and critiqued Insurance Commission ADR rules and procedures)

Teaching and Training Experience: International	• Russia: Moscow, mediation workshop, Russian Academy for Justice; mediation training, Moscow commercial court, 2005 • Bulgaria: mediation workshop for mediators (in Boston, Massachusetts) 2006 • Netherlands: full day colloquium on developing mediation programs (court-connected, agency, and private party), 2005
Teaching and Training Experience: Bar Associations and Law Firms	Seminars, workshops, and presentations to numerous law firms and bar associations including American Bar Association; Boston Bar Association; Maine State Court ADR Program; New Jersey State Bar Association; Union County, New Jersey, court-connected mediation program; New York Academy of Family Mediators; City of Boston mediation training for youth workers
Selected	• Mediation: A Practical Guide for Business Lawyers and Their Clients, Revised edition of 2014 Practical Guide on the mediation process., Blurb, Inc. 2016 • Mediation: A Practical Guide For Mediators and Advocates, review of mediation process, Blurb, Inc. 2014

Selected	- Building a Common Language, History and review of mediation process, bi-lingual, English and Mandarin, with glossary of ADR terms, China Legal Press, 2011
- Settlement Counsel: Answers to FAQs, New York Dispute Resolution Lawyer, 2010
- Class Action Arbitration, The Alternative Dispute Resolution Practice Guide, Chapter 15, Thompson/West 2006
- Social Psychology and Mediation: Theory to Practice, New England Chapter of Association for Conflict Resolution, co-authored with Julie Turchin, Winter 2005
- Arbitration Training Handbook, MCLE, February 2005
- ABA TTIPS Business Litigation Committee Newsletter, Opening Their Eyes and Ears: Effective Mediation Presentations, Summer 2004
Bar Memberships	- Massachusetts (1974)
- New Hampshire (1991)
- United States District Court, D. Mass. (1974)
- First Circuit Court of Appeals (1975)
- ABA, MBA, BBA

역자 및 저자 변종원 경력

삼성중공업에서 약 6년간 기술자로서 현장 경험을 쌓은 후, Sales Engineer로서 마케팅 업무를 담당하였습니다. 이후 삼성코닝에서 플랜트수출 팀장으로 약 15년간 중국, 인도 등 5개국에 기술수출 및 공장진출을 실행하면서 협상 등 국제 비즈니스 경험을 쌓은 실전 협상 전문가입니다.

연락처: 02-552-9928
E-mail: somangbyun@naver.com

강의 경험

(실전국제비즈니스협상, 기술사업화, 기술 수출, 해외공장 진출, 기술 유출 예방 등)

한국무역협회(2007년~), KOTRA(3년), 전국경제인연합회(IMI) CEO과정, 삼성전자, LG전자, 현대모비스, 포스코, 동국제강, 호남석유화학, 한국남동발전, 현대종합상사, 유한양행, 일진다이아몬드, 한국전력, 라이온스클럽, 국방대학원, 성균관대, 연세대, KAIST, 부산대, ETRI, 농촌진흥청, 특허청, 경남도청, 매일경제, 정보통신진흥연구원, 김해상공회의소, 한국벤처기업협회, 이노비즈협회 등의 기관 및 기업을 대상으로 협상 강의 및 기술사업화, 기술이전, 기술수출, 기술 유출 예방이라는 주제로 약 300회의 강의 및 세미나를 진행했습니다.

석사 논문

〈협상 성과에 영향을 주는 협상 기술에 관한 연구〉

박사 논문

〈기술거래 계약의 결과에 영향을 미치는 협상력에 대한 연구〉
[A Study on the Effects of Negotiation Technique on the Terms and Conditions of Thechnology Transaction Agreement]

자격증

금속 부분 특급기술자, 기술거래사(지식경제부장관), 금속기사 1급

위원 등 역임

- 스케일업팁스 기술사업화/글로벌 협력 자문
- 한국거래소 M&A 중개망 전문기관(비즈하스피탈)
- 중소벤처기업부 M&A거래 정보망 자문기관(비즈하스피탈)
- 전)수출 전문가/전문위원(중소벤처기업부, 한국정보통신수출진흥센터, 서울산업진흥원, 한국환경산업기술원 등)
- 전)산업기술혁신 평가단(한국산업기술평가관리원)
- 전)연구성과 확산산업 운영위원회 위원(한국산업진흥협회)
- 전)자문위원(이노비즈협회, 벤처비즈플러스)
- 전)중국 무한 동호 신기술 개발구 비즈니스 고문
- 전)Innocentive 한국 대표
- 전)중국 Junhe(君合)법무법인 한국 대표

조정 교육 이수 CERTIFICATE

Certificate of Completion
Program on Resolving Public Disputes

SPONSORED BY THE IIPAC AND SEOUL NATIONAL UNIVERSITY
PRESENTED BY THE CONSENSUS BUILDING INSTITUTE
SEOUL, REPUBLIC OF KOREA

IS AWARDED TO

JONG WON BYUN

MAY 1, 2015

DAVID FAIRMAN, Ph.D.
MANAGING DIRECTOR
CONSENSUS BUILDING INSTITUTE

CHUL HO KIM
PRESIDENT
INTERNATIONAL IP ADR CENTER

LETTER OF APPOINTMENT

JONG WON BYUN

This is to certify that the aforementioned person has been appointed as a neutral to the Panel of Neutrals by the International IP ADR Center under the Arbitration Law and the Arbitration and Mediation Rules of the IIPAC

June 17, 2015

Chulho Kim
President
International IP ADR Center

David Van Zandt
Chairman
International IP ADR Center